ICTを使って保育を豊かに

ワクワクがつながる＆広がる28の実践

秋田喜代美・宮田まり子・野澤祥子　編著

中央法規

はじめに：本書の問い

高度情報化社会の進展の中で

　私たちの生活や活動は、取り巻く環境によって大きく変化します。15世紀に活版印刷術が発明されたことで、人間の知識や知恵の共有のあり方は大きく変わりました。そして、19世紀に電信や電話が発明されたことで、遠隔の人との通信技術は急速に変化しました。その後コンピュータの開発、電子メールやインターネットの開発などが続き、パソコンやタブレット、スマートフォンなどのデジタルデバイスが、職場だけでなく家庭でも使用されるようになりました。特に、2004年にFacebook、2006年にTwitter、2007年にiPhoneが生まれ、世界中に広がることにより、大きな社会変革が生まれました。

　狩猟社会（Society 1.0）、農耕社会（Society 2.0）、工業社会（Society 3.0）、情報社会（Society 4.0）に続く、新たな社会を指す言葉として、「Society 5.0」という言葉が、日本では内閣府によって、第5期科学技術基本計画（2016年度から2020年度）において用いられはじめました。サイバー空間（仮想空間）とフィジカル空間（現実空間）を高度に融合させたシステムによって、経済発展と社会的課題の解決を両立する、人間中心の社会（Society）が、我が国が目指すべき未来社会の姿として提唱されたのです。

　このような大人の社会の変化と同様のことは、子どもたちの周りでも起こっています。現在の子どもたちは「デジタルネイティブ」と呼ばれ、生まれたときからデジタル機器に囲まれて育っています。家庭においてデジタル機器が日常的に使用されるようになると、子どもたちの遊びの中でも、機器が使われたり、再現されたりするようにもなります。

　「環境を通しての教育・保育」は、我が国が大事にしている理念です。その環境の1つとして、またその中で使用する道具の1つとして、デジタル環境はどのような可能性をもつのかについて具体的な実践を通して考えることをねらいとして、本書は企画されました。

コロナ禍でのデジタル化社会への転換

　デジタル環境の普及の後押しとなったのは、新型コロナウイルスの感染拡大です。ソーシャルディスタンスをはかるために、園においてもオンラインでの会議や研修などが広がりました。休園中には「オンライン保育」という言葉が生まれたように、オンラインを活用して子どもや保護者と園がつながり合う試みも行われはじめました。

　これらは対面で行う保育の重要性を改めて認識する機会となった一方で、賢くデジタルデバイスを使うことが、保育をより豊かにする可能性ももつことを感じるきっかけとなりました。新型コロナウイルスの感染が拡大する中、小中学校では「GIGA（Global and Innovation Gateway for All）スクール構想」と呼ばれる構想が前倒しされ、2021年度には1人1台の端末が子どもたちに配布され、学びの道具の1つとして全国の学校へと拡大されました。文部科学省は「StuDX Style」というWebサイトを立ち上げ、学びの道具としてのICT端末にどのような活用方法がありうるのかを示し、教員向け研修でもその

サイトを参考にしたICTの使用を勧めています。

　教員が教育のためにICT端末を活用する専門的な実践的知識はTPACK（Technological Pedagogical Content Knowledge）と呼ばれ、国内外で研究が進められています。欧州連合（EU）では2017年に「European Framework for the Digital Competence of Educators」という報告書が出され、教育者がデジタルテクノロジーに関して求められる知識やスキルについて、6領域22のコンピテンスが整理されています。

日々の保育の中でのICT利用

　しかし、乳幼児の保育・幼児教育の中で、ICTをどのように活用する可能性があるのか、また何に留意したらよいのかということについて、日本ではまだ十分な専門的知識や事例が公的に検討・共有されていません。モデル園事例はあっても、全国でいわゆる普通の園が日常的に活用することについては、必ずしも示されていません。保育者が業務管理や記録、オンラインの研修や会議で使用するために、園にICT機器を設置する予算がようやく準備されてきたところです。しかし現実には、ネットワーク環境が十分に整備されていない園も多いと思います。もちろんそこでは、子どもたちへのICT機器の予算は計上されていません（これは決して、園で1人に1台端末を配布して使うのがよいということではありません）。

　保育者の業務での使用と保育の中での使用は、きちんと分けて問われることが必要です。現状ではクラスに1台あるいは数台あれば十分だと個人的には考えています。

　乳幼児期には子どもたちが直接人やものと出会い、感じ、気づくことが極めて大切です。「子どもたちを教育産業の消費者にするのではなく、創造的に利用できる人間として育てる」ことが大切です。早くから子どものデジタル機器の使用に関心をもって取り組まれている園もありますが、それらは少数です。しかしその一方で、保育者が記録のためにタブレットやスマートフォンを使う中で、子どもたちのための実践にも使うようになった園も多くなってきています。そのような社会状況の中で、ICTのどのような活用が、子どもたちの日々の園生活をより豊かにするために可能なのかという問いが生まれました。

　海外の保育実践を参観させていただく中でも、ICTが子どもたちの経験をより豊かにする実践だと感じたこともあれば、一人ひとりがパソコン画面に向かってゲームをしているだけの姿をみて、「これって保育？」と考えたこともありました。日本の保育が大事にしてきた、日々の遊びと暮らしをより豊かにすること、またそのために保育者がより賢く様々なメディアの1つとしてICTを利用することに関してどのような事例があり得るのかという問いから、本書は編集されています。ありあわせのICT機器で試行錯誤しながら、こんなことができると保育がより面白くなる、保育者も子どももワクワクできるというような視点で活用している事例について、園に執筆をお願いしました。

過去を超え、常識を超え、いろいろな境を越えるために

　「デジタルデバイド」という言葉があります。これは、家庭や園、自治体の経済格差によっ

て、デジタルにアクセスできる子どもとそうでない子どもという格差が早期から生まれることをいいます。3〜5歳児の幼児教育の無償化によって、園であらゆる子どもが教育を受けられるからこそ、家庭のデジタル環境によらず、またデジタルだけに偏ることなく、遊び込んだり、学び浸ることの1つの道具として、どの子どもにも豊かな経験が保障されることが必要と考えられます。またデジタル機器は、様々なハンディをもつ子どもにとっても、文字の拡大や音声での読み上げなど、バリアを越える支援機能を有しています。

本書は、デジタル機器やICT利用が保育において是か非かという二項対立図式には立っていません。社会全体がデジタル社会になっていく動きの中で、賢く無理なくICTを使って、保育がさらに面白くなるにはどういったことが可能かと考える立場です。

使用端末やアプリにより実際の活動には制約があり、利用できる内容は大きく異なる一方で、使い方次第でこれまでの保育をさらに豊かにする可能性を秘めているのも事実です。まずは保育においてICTを活用する実践のイメージを共有することです。大人が考えた、子どもを型にはめるプログラムを使用し普及させるという発想ではなく、すべての子どもの可能性を伸ばす保育の中で、その1つの道具としての使用が大切であるという現場発、実践発の考え方で本書は編集されています。ICTの専門家ではなく、保育研究者と保育実践者が協働し、デジタル環境を、子どもたちを取り巻く園の環境の1つとして、これまでの保育の当たり前を超え、その可能性を考えた事例の本です。

工学や情報学の観点から見れば不足点もいろいろあるかもしれません。しかし、どこからでも開いて気に入ったところから読んでいただくことで、「これならうちの園でもできるね」とか、「こんなこともできたらうちの園の子どもたちにとって、もっといいかも」と着想と対話が広がるきっかけとして使っていただければ幸いです。子どもたちが、大人が考える常識を超えた遊びを自分たちで生み出し、これまで保育はこうしてきたのだからという過去の先例を超えて、未来への希望とワクワク感を創り出し、クラスや園の壁を越えて、子どもの夢と可能性を拓くための一助になればと願っています。

編者を代表して
秋田喜代美

※ 「ICT」は「情報通信技術 (Information and Communication Technology)」といわれ、「デジタルテクノロジー」はその情報の表現のあり方に重点を置くこととされています。保育界では「情報を活用する」等の機能を示すよりも、広くデジタルテクノロジーの使用を指して「ICT」という言葉がよく使用されることから、本書ではタブレット等の端末の使用に関する所では「ICT」という表現を使用しています。ただし、デジタルテクノロジーにより社会が変わっていくことはICTだけの問題ではありませんので、あえて、デジタルテクノロジーと表記している箇所もあります。

【参考文献】

Punie, Y. (eds.), *European Framework for the Digital Competence of Educators: DigCompEdu*,Luxembourg: Publications Office of the European Union, 2017.

Contents

第3章│保護者と園をつなぐ ICT 活用事例

第4章│園と地域の輪を広げる連携ツールとしての ICT 活用事例

第5章｜保育の場での業務改善と ICT 活用

第6章｜国際的な動向

まとめにかえて

編著者・執筆者一覧

第1章

保育の場における
ICT活用の現状

① 子どもの育ちを豊かにする視点

　子どもの育ちを豊かにする視点の基本は、保育所保育指針・幼稚園教育要領・幼保連携型認定こども園教育・保育要領に示されている視点です。それは、持続可能な社会の担い手を育み、生涯のウェルビーイングのために、発達に応じた形で「主体的・対話的で深い学びを保障する」ということにあります。

　デジタルテクノロジーによって、これまで以上に、子どもも保育者も、自らがもっている主体性をより発揮し、コミュニケーションにおける対話や関係が変わり、より深く感じたり、気づいたり、夢中になれる経験ができるのではということが本書の問いです。

1　子どもの経験を、より主体的・対話的にするための使い方

　ICT機器の利用に関しては、「何時間見せたり使ったりしてよいのか」「健康に影響するのでは？」といった議論が必ず出てきます。この問いにおいては、大人が設定したプログラムや動画を提供されたり、パッケージ化された教育情報機器セットを与えられたりして、室内で座ってパソコンに向き合うという受け身の存在として子どもを捉えていることが多いのではないでしょうか。そして、その悪影響から子どもを保護する存在が大人、というイメージで語られます。

　しかし、本書の事例の根底にあるのは、保育の中で、子どもが有能な使い手としてICTを使い、より主体的に遊びや暮らしを経験することで、保育が面白くなっているという事実に基づき、そこからICT活用の質を捉えてみようという提案です。「28の実践」とあえて題しているのは、教育情報学や教育工学の専門家や企業が子ども向けに開発したプログラムやアプリケーションよりも、ありあわせでも日頃から保育者が使っている機器を、保育実践でも必要に応じて子どもとともに使ってみると、意外に面白いことが生まれるという、園の中で保育者と子ども主体で生まれた取り組みからの検討だからです。

　大事なことは、先にICTありきではなく、遊びや暮らしの体験の中のふとした瞬間に生まれた子どもの疑問や思い、つぶやきを支える道具の1つとしてICTをアジャイルに（素早く機転をきかせて）活用できるという可能性を、皆で共有・探究し、動き出し、創っていくのがよいのではないかということです。ですから、保育者があらかじめ「今日はこの道具でこの活動をしよう」と決めて一斉に端末を使う使い方では、子どもにも保育者にもワ

クワク感は生まれません。海外では、幼児に対してプログラミングなどを実践することで論理的思考を培う事例等もあります。本書では、小学校教育の前倒しではなく、日本の日常の保育実践を主眼にし、質の変容や向上を図ることに焦点化しています。

1 被写体としての子どもから撮影者、表現者としての子どもへ

デジタルカメラの発達によって子どもの姿がより詳細に記録され、ドキュメンテーションなどにも利用されるようになりました。しかしそこでは、子どもは被写体として位置づけられています。子どももタブレットやカメラで「これを写真に撮っておきたい！」と言って自ら大事なものを撮ることがあります。また、遠い所に行った友達や先生等に「これを伝えたい！」と自らの声を届ける存在でもあります。子どもでも簡便に使用できるようになったからこそ、ICTは子どもの意図の表現とその記録の媒体になります。

文字の読み書きができる小学生以上にはノートと鉛筆という補助具があるように、ICTによって幼児が自らの仲間との記録を収める道具の使い手となることができます。子どもが園の中で自らの記録を残すことに参画することもできます。ただし、カメラをずっと持たせようという話ではありません。思い切り遊んだり、やり遂げた感覚があってこそ、記録したい・伝えたい瞬間での活用が大事なのです。

2 個人の道具ではなく、仲間と協働する道具としての使用

保育においては、1人1台ではなく園に複数台のタブレット等があれば十分であり、むしろ皆で共有するからこそ対話が生まれます。個人持ちという小学校教育の発想ではなく、皆で共有して大事に使うという保育の日常の発想です。保育ならではの遊びの中での探究のために皆で使う道具という位置づけです。「子どもは使い方がわからずにいじくって壊すのでは」という話を聞くことがあります。子どもたちは、家庭でも園でも大人の物の扱いをじっとよく見ています。だから、子どもが触って故障することは極めて少ないそうです。個人がゲームやドリルをするための道具ではなく、皆で必要なときにだけ使うからこそ意味をもっているといえるでしょう。

3 見えないものを可視化し、聞こえない声を聴き取る道具を通した驚きと気づきを大切に

電子顕微鏡を使うことで見えない細胞や葉脈が見えたり、カメラの機能によって植物や出来事の記録をコマ送りで見たりスローモーションで見たりすることができます。それによって、日常ではなかなか気づかないことを見ることができます。小さかった自分が大きくなるまでの変化を見ると、誇らしいなど新たな感情が生まれたりします。近づくのが危

ないところや、手が届かない高いところのものを、自撮り棒などを使うことで違う視点から見ることもできます。小さなものも、プロジェクターで映すからこそ一体感が生まれ、イメージを広げることもできます。

4　手早く効率的になる道具ではなく、じっくりゆっくり立ち止まる機会を与える道具に

　ICTというと、情報を得る道具と捉えがちです。すばやく検索することで便利にわかった気持ちになるという道具は、保育にはなじみません。むしろ、「これって同じかな、違うかな、もうちょっとよく見てみよう」と立ち止まったり、「もっと本物らしくするにはどうしたらいいかな」と実物が手元になくてもWeb検索して写真や動画を見てみて、もっと本物らしく工夫するために試行錯誤していくためのきっかけにするという使い方になじむものです。図鑑や絵本で見たものと比べたり、そこに載っていないときに見てみたりということもあります。折り紙の折り方などでは、タブレットで繰り返し拡大して見ることで取り組みやすく、もっと難しいものにも挑戦できるなどのきっかけにもなるかもしれません。室内だけではなく戸外で使う、遊びや運動の振り返りなどに使うなど、動的なイメージで使ってみることもその1つです。

　また、イタリアのレッジョ・エミリアでのデジタル利用（178ページ参照）のように、ICTを長くうまく使いこなしている国や園は、Web検索した情報をそのまま使うだけではなく、子どもが光を探究したり表現したりなど、新たな想像を膨らませて創造力を発揮する活動のために、時間をかけて場を作っています。

5　機能の代替ではなく、新たな遊びや保育を生み出す創造の道具へ（SAMRモデル）

　教育工学の分野では、テクノロジーの使い方について、Puentedura, R. R.（2006）が唱えたSAMRモデルという段階モデルがあります。Substitution（代替：これまである物の代わりに使う）、Augmentation（拡大：代替と同時に新たな機能が加わる）、Modification（部分的な変更修正：実践が新たなデザインとなる）、Redefinition（再定義：以前はできなかった実践が新たにできるようになる）という4段階です。海外ではこの視点から保育におけるICT活用のあり方を捉えようとする研究も出てきています（Dardanou et al.,2019）。

　前者2段階（SとA）はこれまでの機能を補助したり強化していくだけであるのに対して、後者2段階（MとR）は実践の変容となります。例えば、絵本を生の声で読んでもらう代わりに電子音声が出るとか、虫眼鏡の代わりにより拡大率が大きくて録画機能が付いた電子顕微鏡を使うことなどは、前者の2段階での活用となるのかもしれません。

　対して、新たな遊びの視点や着想が子どもの中に生まれたり、遊びの流れを記録して

皆で語り合うことでさらに次の遊びが生まれたりすることは、後者の２段階ともいえるでしょう。保育実践の中でのテクノロジー使用が４つの段階に分類できるわけではありません。しかし、保育においては直接体験が大事なので、代替的な機能はむしろ不要であり、私たちが目指すのは後者の２段階といえるでしょう。

図 1-1　SAMR モデル

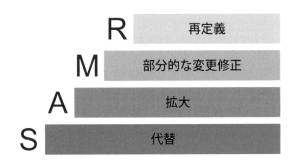

Puentedura, R. R.（2006）を参考に筆者作成

　１から５の視点は、すべて日々の保育・教育の営みの中にあります。

　ある園長先生に、次のようなお話をうかがいました。

　ある子どものおばあちゃんが、クラスで皆が石や土に興味をもっていることを聞いて、田舎から来るときにわざわざ持ってきてくれたそうです。そのとき子どもは、土や石を電子顕微鏡で見ることに夢中になっていたので、これもすぐに見たいという話になったそうです。保育の振り返りのとき、「でもそのときにまず大事にしたいのは、その子のために土や石を持ってきてくれたおばあちゃんの気持ちだよね」という話になったそうです。

　保育の中で今目の前の子どもたちに何を大事にしてほしいのかを、先にICTありきになるのではなく、これまでもこれからも考えたいと思います。しかし、ICTがあることで、例えば天の川を見たことがない子どもたちや、コロナ禍で花火大会を見られない子どもたちが、映像を見ることができます。それが遊びにつながっていくことで、本当に星空や花火を見たときにその経験を思い出すこともできるでしょう。問われているのは、深い経験、豊かにつながる経験との往還であり、デジタルテクノロジーがこれまで以上に子どもの経験をつなぎ、人や物のつながりを豊かにするのかということなのです。

2　本書の構成

　本書では、これらの意味で、保育実践の場での活用である「第2章　子どもの育ちを豊かにするICT活用事例」を最も多く紹介しています。

　「1　気づく・知る」では、これまでと違いデジタルだからこそその新たな機能が付加されることで、納得したり調べたりする事例、「2　探究する」では、見たい、知りたいか

ら子ども自身が何らかの形で問いをもって物事に出会い、気づいて関わりを深めていく事例、「3　表す・没入する」では、遊びの中から自らが表現者としてICTを用いて創造する事例、「4　伝える・対話する」では、人・物・コトとの出会いから、子どもたちがあの子に、あの人に伝えたいという思いをもってデジタルの強みを活かしてクラスや園の壁を越えて対話を行う事例をとりあげています。

　様々な園にご協力をいただいて、いろいろな機器や場による事例をとりあげていますが、この1から4の経験は子どもたちの中でサイクルとなって行われることも多いので、事例をどの節で紹介するか悩んだところであります。ですので、それぞれの事例が1から4のいずれかの経験にはっきりと分類されるというわけではありません。ただ、デジタルならではの機能の多様性も感じていただければと思います。

　保育においては、小学校以上に比べて、保護者との関係、他園や地域との関係、また園全体としての業務改善も、日々の保育により密接につながっています。それらを「第3章　保護者と園をつなぐICT活用事例」、「第4章　園と地域の輪を広げる連携ツールとしてのICT活用事例」と題しました。

　また、第5章では保育者の業務改善について述べています。保育者のオンライン使用については、園全体のシステムとして開発されたパッケージの導入が、効率性や便利な面も数多くあるとも考えています。

　第6章では、国際的な動向を述べています。子どもたちのデジタル経験は時代とともに急速に変わっています。ICT端末の導入は新たな物が入るというだけではなく、デジタル化（DX化：digital transformation）する社会は、組織の関係や業務そのもの、プロセス、園文化・風土を変革するCX化（corporate transformation）をも生み出します。デジタルテクノロジーだからこそ、双方向での対話ができたり、誰もが主体的に参画できることで、園文化や保育の文化を変える可能性も生み出します。本書はICTの活用事例の本であると同時に、ICT活用を通して園文化やDX化の社会が生み出す価値についても考えていきます。

［引用文献・参考文献］

・Maria Dardanou & Trine Kofoed , 'It is not only about the tools! Professional digital competence',Colette Gray ＆ Ioanna Palaiologou(Eds.) ,*Early Learning in the Digital Age*, SAGE Publications Ltd,pp.61-76,2019.

・Puentedura, R. R., Transformation, technology, and education in the state of Maine,2006, November 28.
　http://www.hippasus.com/rrpweblog/archives/2006_11.html

保育実践における ICT メディアとアプリの活用で生まれる効果

1　暮らしの中での ICT メディアとその変遷

　これまでの保育現場においても、情報に関するメディアには様々ありました。例えば、絵本などの印刷物も情報を得るためのメディアの１つであり、有効に活用されてきました。

　そこに今、「通信」という離れた場所の間でやりとりを行う機能を持った機器が導入されはじめています。初期では、例えば電話やレコーダー、テレビ等が、園の保育・幼児教育や家庭の子育てにおいて活用されてきたのではないでしょうか。さらに最近では、コンピューターをはじめ、インターネットにつながった様々な機器が家庭や園の中に存在しています。変化の背景の１つには、通信網と機器の発達があります。初めは、ごく限られた人々の、ごく限られた目的のために利用されてきた ICT 機器でしたが、最近では、家庭生活や園生活において身近な物として活用されるようになってきました。

　では、近年私たちの生活や園生活の中で活用している機器は、従来の ICT 機器とどのように異なるのでしょうか。中野（2017）は、電話やテレビなどの 20 世紀のアナログ情報技術時代のコミュニケーション方式は、１対１のやりとりや１対多数のやりとりが行える物だったと述べています。そして、21 世紀のデジタル情報技術時代にはデジタル情報技術の高度化により、情報を媒介する機器はよりシンプルになり、プログラミングに関する知識を要しない閲覧ソフトの開発等により爆発的に普及しました。さらにその後は、ソフトの制作者などの特定の人が情報を流し、一方的にその情報を受けることに限定されていた利用者も、情報の発信者になり、さらには「ユーザー参加」という形でページ作成に参加し得るようになったのです。

　このように ICT メディアそのものの変遷を見ていくと、どのように私たちの暮らしの中に取り入れられてきたのか、そして単に ICT メディアという新たな物が生活の中に増えたというだけでなく、結果的に暮らしの何がどのように変わっているのかを知ることができます。

　次に、園生活の中で普及している ICT 機器が何をもたらす道具であるか、道具の性質から考えてみたいと思います。

2 ICTメディアとアプリの活用で生まれる効果

　今日、園でも様々な機器やネットワークが活用されていることかと思いますが、ここでは、実際の園生活において用いられている機器やソフトウェアを基に、それらが子どもの経験の何を誘発する可能性があるものなのか、整理してみたいと思います。

　園で活用される機器は大きさや性質等で様々に分類することができますが、ここではそれらを、活用で期待される子どもの経験に着目し、「1　出会いと探究の入り口」「2　ともに見て感じる経験」「3　見たことのない新たな世界への扉」「4　やりとりの時間」の4つに分類し、それぞれにおける活用や効果について考えてみたいと思います。

1　タブレット・スマートフォン・Web検索−出会いと探究の入り口

　「Web検索」は、先に述べたように、通信網と機器の発達により身近なものとなりました。

　そして、「タブレット」や「スマートフォン」は、Web検索に適した道具の1つです。別名でスマートデバイスとも呼ばれています。スマートデバイスとは、一般に、ネットワークでつながって色々なことを伝え合ったり、情報を保存したりするなどして活用される機器を指します。ネットワークにつながることにより、使用の幅が広がります。現在普及しているタブレットやスマートフォンは、誰でも容易にネットワークにつながるようにデザインされています。そして、多くのアプリケーションが、多様なニーズに応えられるように開発され、提供されています。

　これらの道具は、何かにつながることで可能性が広がっていきます。つながる先はインターネットであったり、別の機材であったりもします。つまり、何とどのようにつなげるかを考えていくことがこれらの道具の面白さであり、つながる先によって展開される活動の魅力は異なります。

　保育では、①検索までのプロセスと②つながるタイミングの2点によって、活動の展開が異なってくるのかもしれません。これらの点は、子どもの目的（保育者としては「ねらい」）によって決まる場合も多いのではないでしょうか。例えば、子どもが何かに気づき出会ったとき、それが何であるかを調べるために利用するのは、少し早いという場合もあるかもしれません。子どもがそれをどのように感じたのかを伝え合う時間があり、その後に、Webを通して名前を知ったり、性質を知ったり、それに詳しい人や夢中になっている人に出会ったりするなど、プロセスとタイミングを考慮することが重要です。

　また、保育者が活用する場合も同様です。例えば、園の畑で作物を育てるとします。どんな作物がよいか、どのような土がよいかをインターネットで検索して知る前に、ここで子どものどのような姿や経験を期待したいかについて考えることが重要であり、そのことが活動の基礎や中心になる必要があります。その際、Web検索よりも子どもたちの身近な人に直接尋ねるほうがよりよく知ることができるということもあるかもしれません。

Web上の不特定多数に向けた情報よりも、その土地を古くから知る人の情報のほうが有効であるという場合があります。そのような検討と試行錯誤の後に、出会った人や事柄に関してWeb検索等を行うことで、子どもの思いの中で、地域や時間も越える活動の展開が期待できるのではないでしょうか。

このように、検索までのプロセスとつながるタイミングに配慮することにより、ICTメディアのよさを最大限にすることができるのです。

2 液晶テレビ・スクリーン・プロジェクター —ともに見て感じる経験

これらは大きさも性能も多様ですが、すべて、他者との共有に適した道具であるといえます。大きく映し出すことにより、より多くの人が同じ物を同じときに視聴することが可能になります。ただし、保育における活用方法はそれだけに留まらず、子どもたちが遊びの中で描くイメージの世界を、具体的に生み出したり、支えたり、促したりする道具にもなる可能性があります。

例えば、森の写真をプロジェクターで壁一面に大きく映し出し、あたかも森の中に入ったような世界を作り出したりもできます。さらに、森の中を鳥が飛んだり、動物たちが横切ったりしていくという映像を投影すると、色々な物語が湧き上がっていくのではないでしょうか。他にも、きれいな水色の画像を投影すると、子どもたちにどのようなイメージが広がっていくでしょうか。ある子どもは海の中をイメージするかもしれませんし、ある子どもは雲の上をイメージするかもしれません。イメージが異なることでやりとりが生まれます。

また、プロジェクターの場合、投影する場所に立体物があっても妨げになることはなく、むしろその立体物の影も利用して遊ぶことができます。例えば、森や海の中がイメージされるような画像を投影し、投影する場所に立体物があったとしても、それを隠れる場所に適した「岩」に見立てるなどして、投影された世界の中で物を操作し、影を操作しながら様々にイメージを広げて遊び込むことを可能にします。

3 タイムラプス・マイクロスコープ（デジタルマイクロスコープ） —見たことのない新たな世界への扉

「タイムラプス」は、「time（＝時間）」と「lapse（＝経過）」という2つの言葉の意味からわかるように、時間の経過とともに変化する状態を捉えるのに最適なツールの1つです。単に変化をじっと撮っているのではなく、一定の時間に連続して撮影された静止画をコマ送りにして、前後の細やかな変化を追って捉えていくことができます。撮影機器によって多少の違いはありますが、数十分の出来事が数十秒に編集されるので、変化だけに着目して見ていくことができます。

「マイクロスコープ」は、肉眼では見ることができないほどの小さな物も、レンズを通して倍率を上げて見ることができる機材です。古くは顕微鏡や虫メガネがありましたが、現在はモニターが付いていたりパソコンにつないだりして、画像として被写体を見ることができる「デジタルマイクロスコープ」といわれる物があります。画像にすることができるので、それを他の画面に映して他者と共有したり、動いている物を映した画像を切り取り、よりじっくりと注意深く観察したりすることも可能です。

4 YouTube・Instagram・Zoom ―やりとりの時間

　これらは、先述した中野（2017）の解説をもとに捉えるならば、特定の者のみが発信者であった時代から、誰もが発信者になれる時代への変遷に関係した道具の1つであるといえます。

　「YouTube」や「Instagram」は、登録することにより、録画した動画や画像を発信することができます。見てほしい人の設定は、特定の1人からインターネットを利用する全世界の人々（不特定多数）まで、様々に選択することができます。

　このようなプラットフォーム型のソフトウェアは他にも多数あり、利用者のニーズによって、今後増える可能性もあるかもしれません。

　「Zoom」では、音声、画像、筆記、動画、作成された文章等を、リアルタイムで送受信することができます。このような、いわゆるWeb会議システムのサービスは、Zoom以外にも様々にあります。このような道具は、即時に顔を合わせてつながれるようなやりとりの時間での活用が有効かと思います。現実の対面でのやりとりで交わされる情報のように、かなり多くの情報を伝達することができます。とはいえ、やはり現実と全く同じではありません。よって、単なる代替ではなく、この道具のメリット・デメリットについて考えた上で、利用する必要があります。

　現実のやりとりと異なる点は、においや温度の共有はできないなど、やりとりできる情報に限りがあること、画面という枠があることなどです。伝達できる情報に限りがあることは、ネガティブな側面であるといえるかもしれません。よって、別の活動との組み合わせなど、補完する機会を考えることも大切です。

　一方で、これらの特性を活かす活動内容を考えてみることで、新たな経験を得る可能性もあります。制約があることで、その中で思いや考えを正確に伝えるために工夫できることは何かと考えることができます。例えば、画面という枠の中での美しさを考えて試行錯誤したり、物の「いいにおい」「冷たさ」などをどのように伝えればよいかを深く考える

機会になります。その物の性質をより深く捉えることも必要になります。また、受信者の立場だけではなく、発信者の立場にもなってみることにより、情報がどのように作られているかを経験的に知ることができます。受信者になったとき、情報をどのように受け取る必要があるかを考える、よい機会にもなります。

　以上、ICTメディアがどのように暮らしや園生活の中に普及していったのかについて、ICTメディアの機能的変化に着目して変遷を概観し、その上で、園生活においてどのように活用することができるのか、有効な活用方法について、それぞれの機器がもつ性質（強み）から考えてみました。

　ICT機器に対し、受け身的であったり依存的であったりする利用を避け、道具的活用を行うためには、物の性質を知ることは不可欠です。そして物の性質を見つけることは、子どもたちが得意とすることかもしれません。子どもは遊びを、周囲の環境に応じて、さらに様々な道具を用いて展開させていきます。よって、子どもたちにこそICT機器を手渡し、どのように遊びの中で活用していくか、道具としての可能性を見つけ出していくかを、保育者が遊びに参加していくことでともに見つけていくようでありたいと思います。

[引用文献・参考文献]
・総務省『平成11年版 通信白書』1999.
　https://www.soumu.go.jp/johotsusintokei/whitepaper/ja/h11/html/B1Z20000.htm（参照：2022年2月13日）
・中野明『IT全史 情報技術の250年を読む』祥伝社,2017.

2

保育実践におけるICTメディアとアプリの活用で生まれる効果

column
特別な配慮を要する子どもへの支援 としての ICT 活用

独立行政法人 国立特別支援教育総合研究所 インクルーシブ教育システム推進センター
上席総括研究員(兼)センター長　久保山茂樹

　ICT活用について、読み書きに困難さがある子どもへの活用を例に考えてみます。読み書きに困難さがある子どもにとって、タブレット端末は重要な機器です。文字を読みやすいサイズにしてくれたり、表示する文字数を調節してくれたり、文章を読み上げてくれたり、書き順を色で示してくれたりします。読み書きに困難さがある子どもでも、タブレット端末によって読み書きができるようになり、力を発揮することができます。そこに「障害」は生じません。つまり、子ども自身に「困難さ」があったとしても、ICTを活用するなどの配慮があれば、「障害」にはならないと考えることができます。

　かつて、読み書きに困難さがある子どもには繰り返しの練習が求められ、「100回練習すればできるようになる」「他の子どもの倍、練習しなさい」などと指導されていました。このように指導する先生は、子どもに対して「努力が足りない」「怠けている」と思っていたかもしれません。「頑張って困難さを克服すべきだ」「皆頑張ってできるようになったのだ」と考えていたのでしょう。言いかえれば、「頑張らせる」以外に指導や配慮の方法が思いつかなかったのではないでしょうか。

　読み書きに困難さがある人たちによれば、繰り返しの練習はほとんど効果がなかったようです。そればかりか、苦手さが強く意識されてしまい、結果的に自己肯定感をもてなくなってしまったというのです。効果がないだけでなく、自分のことを好きになれなくなるような練習を強いられる子どもを、もう増やしたくありませんね。

　困難さがある子ども本人が頑張り続けなくても、タブレット端末を使用することのように、その子に適した配慮をすることで力を発揮することができます。そうした配慮を「合理的配慮」といいます。車椅子を利用する子どものために段差を解消したり、音に敏感な子どもにイヤマフを使ってもらったりなど、アナログ的な合理的配慮は、すでになされている園が多いことでしょう。そして、その合理的配慮が、実はすべての子どもに過ごしやすい環境をもたらすこともおわかりいただいていると思います。

　ICT活用による合理的配慮はこれからかもしれません。でも、例えば、タブレット端末があれば、絵カードやタイマーにもなります。写真や文字の拡大も容易です。子どもの興味のあるものを撮影してアルバムにしたり、友達と共有したりすることもできます。もっと気軽にICTを活用してみませんか。活用の仕方は、配慮を要する子どもが教えてくれるでしょう。「頑張らせる」指導や配慮を終わりにして、子どもたちが安心して園での生活を楽しめるようになってほしいと願っています。

第2章

子どもの育ちを豊かにする ICT 活用事例

京都市立明徳幼稚園

オクラに思いを寄せ、
大切にする気持ちを育む中で
タイムラプス動画の活用を通して

本園では、"一人一鉢"の栽培活動を大切にしています。"自分の"であることで、より植物への愛着を抱き、大切に育てたいという気持ちにつながるからです。4歳児は親子でオクラの苗を植えました。ソウタ（仮名）は自分のオクラが好きになり、生長の変化にも関心をもつようになりました。タイムラプス動画の活用により、友達や家族と変化の面白さを共有し、収穫への期待が一層膨らみました。またこの動画が、自分のオクラの生長が遅くて失望するシュウジ（仮名）の気持ちを立て直すきっかけにもなりました。

「オクラ　たべたよ！」

　入園当初の登園時、母親から離れがたいソウタにとって、親子でオクラの様子を見る時間が不安や緊張をほぐす時間となっていました。この時間が、自分のオクラの生長に関心をもつきっかけとなりました。

　7月、ソウタは1本のオクラを収穫しました。野菜が苦手なソウタでしたが、この日家で初めてオクラを食べることができたそうです。次の日、ソウタは手紙を書いて持ってきてくれました。

　保育者はソウタと母親の喜びを周りの人たちに広げたいと思いました。この手紙をクラスの子どもたちに紹介し、園のホームページにも載せました。ソウタは自分の手紙が載っているホームページを家で眺めながら喜んでいたそうです。そして、「ぼくはオクラが好き」と保育者に話してくれました。

1
気づく・知る

自分と友達のオクラを比べる。この場所がソウタにとっての"居場所"となる

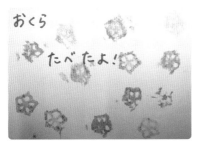

母親が書いたメッセージとオクラのスタンプが押された手紙。親子の喜びが伝わってくる

園のホームページでの紹介（イメージ）

・ 収穫のよろこび

太陽の光をたくさん浴び、たっぷりの雨を吸収した夏野菜たちがぐんぐんと大きくなっています。
幼稚園の園庭では、夏野菜の収穫が始まっています。

Aちゃんが自分の鉢で育てているオクラを収穫しました。
次の日、「オクラ、食べたよ！」と嬉しそうに教えてくれました。
お手紙付きです。オクラのスタンプも楽しんだようです。
実はAちゃんはオクラが苦手。
だけど、毎日お世話をした『自分の』オクラだったからこそ「食べてみよう」という気持ちがもてたのかもしれません。
Aちゃんの嬉しい気持ちが伝わってきました。

他にも「ピーマン、甘くて美味しかったよ」「お母さんがお弁当に入れてくれたよ」など、嬉しい声がたくさん聞こえてきました。

これからの収穫が楽しみですね。

ホームページは園の様子を発信する役割もあるが、保護者が子どもの姿を受け止めることで、子どもが園生活に安心を感じられるようにするための役割も果たしている。

オクラが大きくなる不思議

オクラの生長は早く、特に週明けに見てみると、実が一気に大きくなっていることに驚きます。ソウタはあっという間に実が大きくなることに関心をもちました。多くの子どもたちもその不思議を感じていました。

撮影の様子を見守る子どもたち。金曜日から週末の3日間にかけて撮影

保育者は、タブレットのタイムラプス動画機能を使えば、実が大きくなっていく様子を捉えられ、変化する面白さに気づくことができるのではないかと考えました。

そこで子どもたちに、この機能を使ってソウタのオクラを撮影することを提案し、子どもたちと一緒に結果を楽しみにしながら撮影準備を行いました。

ICTのよさ

インターネットから引用した動画ではなく、"ソウタのオクラ"であることで身近に感じ、関心が高まった。

オクラが動いてる！

撮影した動画は、保育者のナレーションを入れて編集し、大型テレビに映してみんなで一緒に見ました。子どもたちは、いつもはじっとしているように見えるオクラが動画の中では揺れながら大きくなっていることに驚いていました。その後、ノートパソコンでいつでも見ることができるようにしました。子どもたちは、動画を繰り返し見ることで変化の面白さに気づき、友達と伝え合っていました。

オクラの変化を身振りで友達に伝えている

そして、自分のオクラが前日よりも大きくなっているか確かめようとするなど、より愛着をもって育てようとする姿が見られました。

ICTのよさ

・変化している様子が"見える"ことで、より関心が高まり自分のオクラへの愛着につながった。
・「大型テレビでみんなで見る」「ノートパソコンで好きなときに見る」など場面に応じて活用し、どちらも気づきを共有する姿につながった。

YouTube で発信！

　子どもたちが興味をもったこの動画を家庭の中でも共有できたらと考え、YouTube にアップロードしました。このとき、シュウジのオクラだけまだ一度も収穫できていませんでした。シュウジは母親に「他のオクラととりかえてほしい」と訴えていたそうです。

　夏休みはオクラを持ち帰り、家庭で栽培します。そんなシュウジが、夏休みに入って

ナレーション付きの約2分の動画

YouTube のオクラの動画を母親と一緒に見たときのこと。「大きくなってるな」と嬉しそうに話すシュウジに、母親が「シュウジのオクラもこれから大きくなって、きっと収穫できるよ」と話すと、再びオクラの水やりを頑張るようになったそうです。そして、ついに収穫のとき。シュウジが飛び跳ねて喜んでいたことを、母親は嬉しそうに話してくれました。

> 動画を通して、母親の共感がシュウジの安心感となり、生長に見通しがもてたことで楽しみにする気持ちにつながった。

活用にあたって……

　子どもたちは "自分の" オクラに対してそれぞれの思いをもって関わっています。私たち保育者は、その一人ひとりの姿から内面を捉え、安心を感じられるようにしたり、友達との関わりにつなげようとしたりと、援助や環境構成を考えてきました。事例の中では、ホームページの活用がソウタの安心感となり、タイムラプス動画がオクラをさらに大事に思うことにつながりました。さらに、家庭と共有することで、シュウジのオクラへの思いの深まりへとつながりました。

　ICT の活用が、友達同士や園の生活と家庭の "つながり" を可能にしてくれました。これまでの一人ひとりの思いを大切にする保育の充実の中に、ICT を取り入れることで、他者とのつながりによって深まる保育の展開を考えていきたいと思います。

京都市立明徳幼稚園
所在地：京都府京都市
定員：140 名

武蔵野東第一幼稚園・武蔵野東第二幼稚園

「折りたいんだけど本にはないの。どうしよう…」

折りたい気持ちを叶える足場を作る

本園では、自分でやりたいことを見つけて取り組むことを大切にしています。折り紙は本園に常備しており、身近な素材なので、子どもたちは自由に折って親しんでいます。折り紙の本を読みながら折ることが多いですが、季節の変化や行事に合わせて様々なものを折ろうとすると、本には紹介されていない場合もあります。そのようなとき、タブレットを利用して検索をすれば、折り方を見つけ出すことができ、そこから新たな折り紙の楽しみを見出すこともできるので、興味や関心が広がっていきます。

なにを折ろうかな

　1枚の紙を折って形ができていく体験はとても楽しくて、折り紙の本は人気があります。それぞれが作りたいものを本から探して折りはじめますが、やがて、折り紙の本から離れて自分で作りたいものに挑戦したくなるものです。どうしたら折れるだろうと自分なりに試みますが、まだ様々な折り方を知らず、できあがるイメージももてないため、思うようには仕上がりません。

タブレットで調べてみよう

　9月の中秋の名月の時期、「月のうさぎ」に興味をもち、うさぎを折りたいと思った年長5歳の子どもたちは、折り紙の本を見ながら挑戦していました。しかし、本に書いてある折り方は難易度が高く、なかなか上手に折れませんでした。

　「先生、タブレットで調べてくれない？」と子どもたちからリクエストがあり、保育者は「折り紙　うさぎ　5歳」でWeb検索してみました。すると、検索結果から様々な折り方を知ることができました。

　いろいろ見ながら、それぞれ自分のイメージに合う「折り紙のうさぎ」を探しました。様々な折り方があるので、子ども同士で画面を見ながら「これがかわいいね」「私はあれがいいな」などと会話も進みました。

　それぞれうさぎを折るのですが、見本となる折り方は様々なので、バリエーション豊かなうさぎがそろいました。

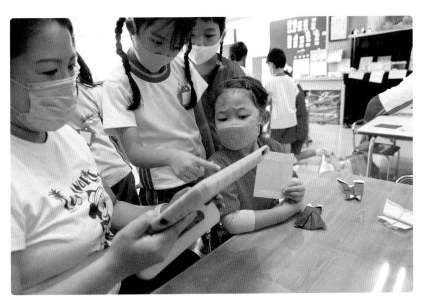

保育者と一緒にうさぎを探す

1

気づく・知る

中秋の名月から「月のうさぎ」に興味をもって始まったうさぎの折り紙は、うさぎがいっぱいできあがると、やがてお団子を囲んだうさぎのパーティーごっこへと展開していきました。

自分で折り方を調べる

みんなで一緒にうさぎを折る

幼児期は実体験が重要なので、ICTはあくまでサポート役として活用。子どもが感じた疑問や不思議を探究したり、課題解決に向けて試行錯誤したりしていくきっかけとなった。

折り紙の手順が動画でわかる

ほかにも、「ドレスを折ってみたいからタブレットで調べて！」とのリクエストがありました。「折り紙　ドレス」で検索してみると、手順を動画で紹介しているサイトが見つかりました。「見つかったよ」とリクエストした子どもに紹介すると、ドレスに興味をもったほかの子どもたちも集まってきて、みんなで折りはじめました。

自分のペースで折る

子どもたちは「デジタルネイティブ」ともいわれる通り、画面をタッチして、私たちが教えることもなく動画を止めたり戻したりしながら、ドレスを完成させることができました。動画だと実際の折り方が見えるので、とても折りやすかったようです。

進めたり戻したりも自分で

折り紙の折り方についての動画はとても理解しやすく、子どもたちは夢中になって折り進めることができた。新たな折り方や様々な形を折ることができることを知るきっかけとなり、遊びの幅が広がったり、得た経験を他の経験に活かしたり、友達の経験を共有したりなど、深い学びにつながっていった。

気づく・知る

活用にあたって……

　従来、折り紙は保育者が折り方の順番を描いた掲示物を見て折ったり、折り紙の本を見て折ったりするものでした。しかし、紙のメディアでは折り紙のバリエーションをすべて掲載することはできません。タブレットの活用によって、あらゆるWebページで紹介されている、年齢に合った折り方や多様なバリエーションに触れることができるようになったのです。動画サイトであれば、実際の折り方が見えるので、子ども自身がより理解しやすくなります。

　このように折り方がわかるというプロセスに目が行きがちですが、それだけでなく、ICTを活用した折り紙遊びは、子どもの様々な育ちにつながっていきます。「折り紙で様々なものが折れることに気がつく」「折り紙を通して表現や遊びのバリエーションが広がる」「『私はいろんなことができるんだ！』という経験が自信となる」「友達との関わりが深まる」といった子どもの育ちを、大切なこととして受け止めるようにしたいものです。

　なお、ここでお伝えしている事例は、一斉の指導における折り紙遊びではありません。あくまでも個々の子どもの興味や関心に寄り添っています。自分で折って、自分のイメージを作り上げるためのプロセスが子どもの学びであって、タブレットはそのための手段として利用していることをお伝えしたいと思います。

学校法人武蔵野東学園　武蔵野東第一幼稚園・武蔵野東第二幼稚園
所在地：東京都武蔵野市
定員：第一幼稚園210名／第二幼稚園315名

千代田区立ふじみこども園

子どもの興味・関心と
保育者の「面白そう」を重ねて
「調理過程での沸騰」と「電車ごっこ」への ICT 活用から

知る・調べる喜びや楽しさは、子どもたちが興味・関心をもつことから始まります。自分たちが育てた「スナップエンドウ」を調理する過程を映像で振り返る中で、子どもたちの「わかった！」瞬間に出会いました。また、友達と電車を作る中で、調べる面白さ、調べて作る楽しさ、人と関わって遊ぶ喜びに出会いました。子どもたちの興味・関心に保育者の「こうなったら面白そう」を重ねながら、ICT を活用して知る・調べることの喜びや楽しさを味わった事例です。

調理過程での沸騰

＊ スナップエンドウの調理！

　年中組の秋に植えたスナップエンドウが丸々とふくらみ、みんなで収穫しました。スナップエンドウを味わうには塩茹でが一番！　茹であがる様子が見えるよう、透明の鍋を利用することにしました。

　子どもたちは、スナップエンドウが湯の流動に合わせて激しく動く様子に見入っています。「沸騰してきたね」という保育者の言葉に、子どもたちはきょとんとした表情。

調理過程を楽しむ子どもたち

　「もしかして、沸騰って知らないのかな？」鍋の真上から沸騰を見ていた保育者は、「見せると驚くかな？」「これが沸騰なんだとわかったら面白そう！」と思い、すぐにタブレットで撮影しました。

＊ 茹でる様子を上から見てみよう ～沸騰に感動！～

　美味しくスナップエンドウを食べたその日の午後、子どもたちは保育者が撮影した透明鍋の映像を見ました。「湯気が出てきた」「お湯になってきたんだよ」と再度興味深げに見ていましたが、鍋を上から撮影した沸騰の様子が映ると、「あ、ぼこぼこしてきた！」「スナップエンドウが踊ってる」と大興奮！

　「これが沸騰なんだよ」と保育者が言うと、「沸騰ってすごい」「熱そう～」「地獄みたい」と、鍋の横から見ているだけではよくわからなかった沸騰が、臨場感いっぱいに伝わったようでした。後日、保護者から、「おかあさん、沸騰ってすごいんだよって話してくれて、家でも沸騰を見ています」というエピソードもいただきました。

沸騰に大興奮!!

保育者が「面白いかも」と思った瞬間に撮影できるよう、普段からICT機器を準備しておく。自分たちが実際に体験した映像だからこそ興味・関心が湧き、驚きや感動を伴って、沸騰という現象を知ることができた。

※ 大好きな電車を調べてみよう！

　Ａが、大型積み木にビニールテープを貼って銀座線の電車を作っていました。保育者は、Ａに大好きな電車を媒介にして、友達と関わって遊ぶ楽しさを感じてほしいと考えました。

　そこで、「段ボールで電車を作って、お客さんを乗せられるようにしよう」と提案し、Ａと一緒にタブレットで銀座線を調べはじめました。すると、興味をもった子どもたちが数人集まってきました。「ここはオレンジ色だね」「ここは何て書いてある

この銀座線にしよう！

んだろう」と拡大したり、互いに知っている情報も取り入れたりして、Ａは友達と一緒に夢中で作っていきました。

　絵本や図鑑だとＡの興味は薄れてしまったかもしれませんが、タブレットを活用したことで、その場ですぐに調べることができました。また、知りたいこと、よく見たい部分など、自分の興味に応じて拡大して見ていました。普段、製作には消極的な子どもも、思わず「僕はこの電車を作りたい」など、意欲的に取り組む姿が見られました。

運転席の窓は黒にしよう！

僕はこの総武線を作ってみたい！

絵本や図鑑は自分たちで探したり、ページをめくったりできる。タブレットは、今はまだ保育者がサイトを検索しなければならないが、その場ですぐに調べることができ、細かい部分を自分たちで簡単に拡大して見ることができる。子ども一人ひとりの性質や興味・関心に応じつつ、それぞれのよさを活かしている。

✳ 友達と一緒に電車ごっこができるって楽しいね！

友達と一緒に、「ここはどうしたらいい？」「こうしたらどうかな？」と教え合ったり、画像を調べ直したりして、お気に入りの電車ができました。Aも自分の作った銀座線が気に入ったようで、繰り返しお客さんを乗せて遊んでいました。

その後も子どもたちは、山手線、中央線、総武線と、たくさんの電車を次々と作り、保育室や廊下に駅を作って、年少・年中組を乗せて走るなど、園全体に電車ごっこが展開されました。

お気に入りの電車で出発♪

その中にAもいて、小さい子どもたちのお礼の言葉に、嬉しそうに笑みを浮かべたり、電車仲間と並走して楽しさを共有したりと、電車ごっこはしばらく続きました。

活用にあたって……

透明鍋を活用すると、調理過程や水からお湯に変わる瞬間、野菜の形や色の変化など、鍋の中で起きていることがよくわかり、食への意欲・関心が高まります。「沸騰の現象がわかったら面白そう」という保育者の好奇心を、子どもたちの興味・関心に重ね、ICTを活用することで、感動や驚きを伴った知識へつなげることができました。

また、子どもたちのイメージにより近いものをすぐにその場で調べられることや、拡大してよりわかりやすくできることは、ICTならではのよさです。すべてを子どもたちに委ねるのではなく、保育者がある程度情報を絞り、必要な情報を的確に提供することが、幼児には大切だと思います。そこからイメージに合うものを自分で選択できたことが、電車の製作への意欲につながりました。

さらに、友達と情報を明確に共有することで、材料や色、作り方など、話し合いを具体的に進める様子も見られました。

「この瞬間！」と思ったときに、すぐに活用できる環境を整えていくことも、気軽に活用するためには重要です。直接体験を深めていくために、これからも、子どもたちの必要感とICTを活用するタイミングがうまく重なるような援助を工夫していきたいと思います。

> **千代田区立ふじみこども園**
> 所在地：東京都千代田区
> 定員：200名

気づく・知る

堀川幼稚園

もっと速いチームを作るために
運動会「リレー」の取り組み

本園では、子どもの興味・関心から遊びが始まり、子どもの「やりたい！」が実現できる
よう、主体的な遊びを大切にしています。運動会で年長組が取り組む「リレー」では、高
校生のリレーを観て「やりたい！」という気持ちに火がつき、子どもたち自身でチームや
走順を考え、作戦を立て、「速くなるために」「勝つために」と心を1つにして取り組むよ
うになっていきました。自分たちの走る姿をタブレットで撮影して振り返り、話し合って
作戦を練り直したり、走るフォームを検索して練習に活かす姿も見られました。

うわっ！動画の方が迫力ある‼

　子どもたちは毎年、本園の運動会の１か月前に近隣の高校の運動会に招待され、一緒にフォークダンスをしたり、競技を観たりして参加できることを楽しみにしています。なかでも高校生の迫力あるリレーは年長組にとって大きな刺激となり、自分たちのリレーへの意欲につながっていく重要な取り組みなのですが、2020（令和２）年はコロナ禍で運動会招待が叶いませんでした。

　すると、運動会の翌日、幼稚園の意図を汲んで高校からリレーを撮影した動画データが届き、年長組で観てみると、間近で撮影された高校生のリレーは、これまで遠くから観ていたリレーよりも迫力が感じられて、子どもたちは「す、す、すごい‼」と驚きました。

登園してすぐに動画に釘付けの子どもたち

迫力あるリレーの様子を繰り返し再生

間近で撮影し、表情や息遣いまで感じられる映像は、現場で見るのにも劣らない臨場感があり、子どもの心に響いた。また、いつでも繰り返し観られるので、子どもたちの「リレー」への憧れと意欲がどんどん高まっていった。

作戦①　走る順番決め「スローを使えばわかるよ」

　子どもたちは早速リレーに取り組みはじめました。バトンのつなぎ方の練習や、勝つ喜びや負ける悔しさなどを経験し、だんだんとクラス対抗の本気のリレーになっていくと、毎回の振り返りと「速くなるため」の作戦会議が始まりました。

　走り方や、バトンの渡し方、気持ち、練習方法などたくさんの意見が出てきた中で、走る順番については、「速い人をどの順番におくか」の前に「誰

振り返りと作戦会議を毎日行う

が速いのか」「どうやったら速い人がわかるか」について確かめるため、色々な方法を試していきました。

　直線を一斉に走ってタブレットのストップウォッチで測ってみても、9秒が8人などほぼ同時が多数。次に、全員一列で走る様子をビデオで撮り、ゴール寸前で動画を止めて確認しましたが、僅差で見極められません。すると、ある子どもが「スローを使ったらわかるかも」とお父さんに教えてもらったというアイデアを口にしました。保育者が半信半疑で撮影し、再生してみると、あまりにもわかりやすい映像にみんなで驚きました。

一斉に走る様子を撮影して、速い順番を調べよう！

スローで撮影・再生して見ると「わかった！」

スローモードで撮影・再生すると、順位だけでなく、手の振り方、足の上げ方など走り方の細かいところまで、みんなで確認がしやすいことを発見！

作戦②　走り方、つなぎ方、トレーニングの仕方

　走り方やバトンパスについて、自分の様子を確認するために、走る姿を撮影し、振り返ることにしました。

　教室に戻って、撮影したリレーの様子を再生し、「あ！　止めて!!」「ここさ、ほら」とバトンパスのタイミング、追い越し方、立ち位置など気がついた点を、動画を止め、指し示しながら話し合いました。そして、「速くなるためにいっぱい走り込もう」「速くなる特訓しよう」と、走り方のフォームやトレーニングの仕方をタブレットで検索して、動画を見ながら練習方法を工夫する姿も見られました。

名前のマグネットを動かしながら、走順の作戦を立てる

「ここのバトンを渡すときに…」気づいたことを言い合う

走るフォームやトレーニング方法を検索

皆で声を掛け合ってトレーニング

自分たちのリレーの様子を撮影して見返してみることで、走り方はもちろん、バトンパスなどリレーの全景を捉えて課題に気づくことができた。タブレットで検索するとスポーツ選手の走り方やトレーニング方法などの動画を参考にできるので、練習方法の幅が広がった。

活用にあたって……

　　コロナ禍で交流や参観が困難な時期に、代案として提供いただいたビデオでしたが、撮影の仕方によっては本物よりも迫力があり効果的であったことに加えて、時間短縮や繰り返し見ることができるなどの利便性も実感しました。また、自分たちの走る姿を撮影し、走り方や速さをじっくり観察することができ、みんなで同じ映像を見ながら気づきを出し合い、課題解決に向けて対策を練り、チームとしての意識の高まりや次への意欲につながっていったと思います。

　　動画を「スロー」モードで撮影することで、順位だけでなく、足の上げ方、手の振り方、バトンの渡し方などが子どもたちにも大変わかりやすくなり、振り返りの手段として活用できるように思います。

学校法人伸和学園 堀川幼稚園
所在地：富山県富山市
定員：217名

幼保連携型認定こども園 追手門学院幼稚園

子どもと絵本の新しい関係
電子黒板を使った絵本の読み聞かせの取り組み

本園では、ICT活用の一環として電子図書館システムを導入しています。ねらいの1つは、コロナ禍でも幼稚園の豊富なラインナップの絵本を家庭で楽しんでもらうこと、もう1つは、園でデジタル絵本を電子黒板に映して読み聞かせをすることです。ここでは園での読み聞かせについてご紹介します。大画面の電子黒板に絵本を映すと、絵の迫力や色彩の鮮やかさをより感じられるようになり、物語への没入感が高まりました。また、子どもたち自身でオリジナルのデジタル絵本を作るなど、新たな取り組みを積極的に進めています。

大画面での迫力ある読み聞かせに大喜び！

　本園では、2020（令和2）年6月にWeb上でデジタル絵本が読める電子図書館をオープンし、園での読み聞かせなどに活用しています。

　幼児期の子どもたちにとって、絵本を読んでもらうことは大きな楽しみの1つです。本園では、本に親しむ習慣づくりのためにも、絵本の読み聞かせの時間を大切にしてきました。

　デジタル絵本＋電子黒板の組み合わせで行う絵本の読み聞かせの最大の特長は、絵と文字の圧倒的な大きさです。子どもたちが保育室に広がって座っていても見やすく、画面が少し高い位置にあるので、前にいる友達の頭で隠れて見にくいということもありません。

　同じ内容の紙の絵本が園にある場合は、大画面で迫力を感じた後に、実際に手に取って細かい部分まで読むといった楽しみ方もできました。

　子どもたちに感想を聞くと、「普通の絵本よりも絵が大きくて迫力がある」「離れていても字がよく読める」「いろんな色がきれいに見えるから好き」「皆で絵本を見ながら体操できたのが楽しかった」などの声が上がりました。一方で、「先生の近くに座るのが好きだから、普通の絵本のほうがいい」という声もありました。

　保育者からは、「コロナ禍においては、密を避けられるので安心感がある」「参加するタイプの絵本が最も適しているのでは」「両手がフリーになるので、身振り手振りを交えることができる」といった肯定的な意見がある一方で、「皆で集まって絵本を楽しむという感覚が希薄で少し寂しく感じる」「いつでもどこでもできるという手軽さに欠ける」「ページを開くときのワクワク感は紙の絵本にかなわないのでは」などの率直な意見も挙がりました。

　「参加するタイプの絵本」の例として、絵を見ながら体操をするデジタル絵本があります。子どもたちは大いに盛り上がり、皆で笑いながら体操をしていました。デジタル絵本＋電子黒板のよさが最大限に発揮できる分野ではないかと感じています。

鮮やかな大画面なので保育室いっぱいに広がってもよく見える

絵本を見ながらみんなで体操すると最高に楽しい！

気づく・知る

電子黒板に映した迫力のある大きな絵で、子どもたちの興味がさらに深まった。動きのある絵本を映して皆で一緒に体を動かすと、クラスの一体感が高まった。

読み聞かせ動画の取り組み

　2021年度から、本園と同じ学校法人が運営する追手門学院大学基盤教育機構の東田充司教授（肩書きは当時）の全面的な協力のもと、絵本の読み聞かせを動画として収録し、保育室で電子黒板に映写したものを子どもたちが鑑賞する試みも行っています。もともとは、演劇経験があり絵本の読み聞かせを得意とする東田教授が定期的に来園し、大型絵本を用いて直接子どもたちに読み聞かせを行っていましたが、コロナ禍のため対面での実施が困難な状況が長く続いたため、代替策として動画の取り組みが始まりました。

　大画面上で絵と音声がシンクロして物語が進行していくのが興味深いのか、紙の絵本よりも子どもたちの集中の度合いは総じて高く、どのお話も「おしまい」の声が入るまで真剣に見入っている様子でした。終わったあとの「楽しかった！」「もっと読んでほしい」という反応から、かなり興味を抱いて鑑賞していたことがうかがえました。

動画による読み聞かせでも絵本の世界に浸り込める

来園してもらうことが難しい状況においても、動画によって、外部の人による読み聞かせを子どもたちが楽しむことができた。

デジタル絵本制作ワークショップに挑戦

　デジタル絵本の活用からもう一歩踏み込んで、子どもたち自身でオリジナルのデジタル絵本を作ってみようと、相模女子大学学芸学部メディア情報学科の池下花恵准教授のご指導のもと、ワークショップを行いました。また、電子図書館の導入に際して助言をいただいた、追手門学院大学国際教養学部国際日本学科の湯浅俊彦教授（肩書きは当時）にも協力いただきました。

　今回の参加者は年中児14人で、2人1組になりタブレットを使って、初めてのデジタル絵本の制作に挑戦しました。

　まず、子どもたちは〇△□のうち１つを選び、そこから連想するものをクレヨンで紙に描きました。例えば、〇ならボール、△ならおにぎり、□ならビルなど思い思いのものを、ダイナミックに、そしてカラフルに描いていました。続いて、描いた絵が動く様子、例えばボールなら転がる様子などを、２枚目の紙に描きました。

　その後、絵を撮影して、デジタル絵本の制作ができるアプリに取り込みます。音まで入れることができるのがデジタル絵本の特長の１つで、子どもたちは「コロコロ！」や「ブーンブーン！」など絵に合った擬音を考え、楽しみながら自分の声を録音していました。

　完成後は皆の前で発表し、工夫したことや難しかったことなどについて話しました。

　時間の制約もあり、今回は１人２ページ分の制作となりましたが、子どもたちは初めての体験が新鮮だったようです。ワークショップが終わってから、「楽しかった」「もっと作りたかった」などの声が聞こえてきました。

デジタル絵本の制作では、自分の描いた絵が絵本になり、さらに自分の声まで入るという、創造する喜びを体験することができた。そして作品を大画面で共有し、皆に発表するという経験も積むことができた。

どんなデジタル絵本ができあがるのか楽しみだな

活用にあたって……

　本園では、子どもたちの主体性を育むために、毎日の園生活において子どもたちが自分の頭で考え、選び、相談し、決めて、そしてやり抜くという経験をできるだけ多く積むことができるようにしています。

　保育とICTの関係については各方面から様々な意見が聞かれますが、ICTをどう位置づけるかにより功にも罪にもなるものと考えています。本園においては、子どもたちの興味や関心の幅を広げたり、表現力や発表力を高めたりするためのきっかけとしてICTを位置づけており、保育の中での適切な活用に努めています。

学校法人追手門学院 幼保連携型認定こども園 追手門学院幼稚園
所在地：大阪府豊中市
定員：395 名

ここでの事例に共通し、特に着目したい点は、①ICT機器が子どもたちの「気づく」や「知る」という経験を育んでいる点、②ICT機器の介在により、子どもたちに別の見方（視点）がもたらされている点、③保育者が子どもの思いに寄り添って考えた結果としてICT機器が用いられている点にあります。以下にその3つの点について、事例から述べてみたいと思います。

ICT 機器により得られた「気づき」

1-1 京都市立明徳幼稚園の事例では、タイムラプスが用いられました。タイムラプスでは細かに打たれた点が線となり、それまでは数日間・数週間という単位で捉えてきたオクラの変化を、より短い時間で捉えることができます。オクラが動いていることは、オクラを側で長時間じっと見ていても、恐らく捉えることはできません。

タイムラプスが使用されたことにより、今までは捉えることができなかった時間による変化を捉えることが可能になるのです。その変化に気づきが生じただけでなく、変化する物として捉えていなかったオクラの、自分と同じように大きくなり変化する、生き物としての躍動感のようなものにも気づいたのかもしれません。そのことが、オクラに対する愛着を促し、より身近に感じることにつながったようにも思われます。

ICT 機器の介在がもたらした別の見方（視点）

1-3 千代田区立ふじみこども園の事例では、熱という危険性から近くで見ることが難しい「沸騰」の様子が、保育者がタブレットで撮影した動画によって伝えられています。ボコボコという音や、鍋がカタカタと小刻みに揺れる様子も、透明な鍋の使用により、子どもたちにより一層刺激的に伝えられています。そこに、水の揺れ動きやモクモクと沸き上

がる蒸気といった視覚情報が加わり、子どもたちはより立体的なイメージをもつことができたのではないでしょうか。「地獄みたい」と言った子どももいました。

「沸騰」は、このような水や鍋が動く音、周囲が蒸気で満たされていく湿った感触やにおい、熱が伝わっている下部から湧き上がってくる力強い動き等、様々な視点で理解することができる事象です。この事例での保育者の挑戦は、ICT機器を用いることで得られる多様な見方（視点）の可能性を示してくれています。

また、1-5幼保連携型認定こども園追手門学院幼稚園の事例では、電子黒板を用いて、大きな画面で皆で絵本を見たことで、保育室内の身体的同調が促されたことが報告されています。ICTの介在により保育室内での一体感覚がもたらされたことは、他者との「同じ」と「違い」を実感する機会になったのではないでしょうか。

子どもの思いに寄り添った保育者の援助

1-2武蔵野東第一幼稚園・武蔵野東第二幼稚園では、子どもの「先生、タブレットで調べてくれない？」という一言からICT機器が用いられました。1-4堀川幼稚園では、ICT機器の使用は保育者からの提供ではありましたが、子どもたちの「速さ」への憧れがあり、「もっと速く走りたい」という気持ちが芽生えた中で活用されています。どちらの事例も、ICT機器が子どもたちの意欲を高めています。結果、例えば1-2の折り紙の事例では、その後「うさぎのパーティーごっこ」へと展開しています。

このような展開の背景にあるのは、タブレットが、子どもの「折り方を知りたい」という思いを叶えるための1つの道具として使われたことです。また、1-4のICT機器を活用してリレーのバトンパスを研究する子どもの姿にも、「高校生の迫力あるリレー」という「大きな刺激」がありました。事例では、子どもたちの「す、す、すごい!!」と驚いた様子が述べられていました。子どもたちは単に「速くバトンを受け渡したい」「タイムや順位をよくしたい」ということだけを思っていたのではなく、「あの高校生たちのようになりたい」という憧れの気持ちやイメージが心にあった可能性もあるのではないでしょうか。

このように、子どもが環境を通して湧き上がった思い、活動を通して育まれた思いの中で、それらの思いの実現を叶え、展開させていく道具の1つとしてICT機器が活用されると、子どもの経験はより豊かに広がっていくのだと思います。

以上、「1　気づく・知る」の事例の中で見られた共通点について、事例をもとに示してみました。ICT機器はともすればとても簡単に今までにないものを見せてくれたり伝えてくれたりしますが、経験の豊かさといった視点から考えた際には、その機器の強みは何か、他とは何が違うのか、それによってどのような経験が期待できるのか、そして子どもの思いの何を支えてくれるものなのかを検討することが大切なのではないでしょうか。そのことを、これらの事例の子どもと保育者は教えてくれているように思われます。

小規模保育園 森のこどもたち

知りたい気持ちから探究の深まりへ
新しい虫を発見！　調べて共有、自分たちの図鑑づくり

森のこどもたちは、0～2歳児19名の小規模保育園です。保育においては、子どもの「なぜ？」「どうして？」「これ、どうなってるの？」という思いを様々な道具、方法で深めています。ある日、散歩先の広場から持ち帰った木の幹をのぞいてみると、中から虫が出てきたことから、子どもたちの好奇心が広がっていきました。図鑑で調べてもわからなかった虫の名前や特徴が、タブレットを使うことで判明しました。また、タブレットを通して、画像を友達同士で共有することができ、理解が深まっていきました。

虫が出てきた！

　11月中旬の雨上がり。いつも出掛けている広場に様々な長さ、形の木を発見！「アトリエで使いたい」という子どもたちの声から、園に持って帰ることにしました。

　次の日、木が乾いたことを確認し、早速アトリエに運んで色を塗る準備をすることにしました。すると、中からダンゴムシやアリが出てきて驚いた様子の子どもたち。その驚きが興味となり、「もっと他にも虫がいるんじゃない？」と細い枝で木の幹をつついて探しはじめました。

細い枝を使い、虫がいないか一生懸命探す

保育者は活動しながらタブレットで撮った写真をすぐにプリントアウト。ポートフォリオを作成しながら子どもたちと今日の出来事を振り返り、その場にいなかった子どもたちとも共有することができた。

「公園で見つけてきた木からね…」と話がはずんでいる

もっと調べてみたい

　次の日、引き続き虫を探していると、今まで見たことのない、背中が赤くてお腹が黒い虫を発見！「この虫なんだろう？」といつものように図鑑を見たり、拡大鏡を通して観察する姿がありました。普段から散歩先で見つけたものを持ち帰って調べたり、生き物エリアで図鑑を見ている子どもたちには、「知りたいことがあったら、調べる」という流れが身についているようでした。

透明な容器に入れて観察し、意見を出し合う

図鑑だけでなく、拡大鏡を使って調べることも自由にできる

探究する

2

しかし今回は、生き物エリアに置いてある図鑑すべてに目を通しても、この虫のことがわかりませんでした。「どうしよう…」「この虫、なんていう名前かわからないんだよ」と今までなかったことに困った様子です。いつもならすぐにわかるのに、なかなかわからないことで子どもたちの知りたい気持ちが高まっていくのが感じられました。

ずっと知りたかった虫の名前は「アカシマサシガメ」！

虫の名前がわかった！

　様々な方法を使って調べてみてもわからず、名前すらわからないのでタブレットで検索もできませんでした。

　そのとき、一人の子が「この虫、カミキリムシに似てるね」とつぶやきました。カミキリムシは黒に白い斑点があるので、「え～、似てないよ」「違うんじゃない？」という声が聞かれましたが、保育者が「カミキリムシ　似ている」と検索すると、なんと虫の名前が「アカシマサシガメ」だと判明！　画像と見比べてみても間違いなさそうです。やっとわかった虫の名前に大喜びの子どもたちでした。

> 調べたいものの名前すらわからない場合でも、子どもがイメージした言葉を集めて検索することで、名前が判明！

ポートフォリオとドキュメンテーションで共有

　やっと判明した「アカシマサシガメ」。次はどんな特徴があるのか、調べてみます。タブレットで検索したところ、「毒をもっている種類もいるので、触ったらいけません。噛まれることもあります」と出てきました。その特徴に、保育者も子どもたちも驚きました。今まで聞いたことがない「アカシマサシガメ」という少し言いにくい名前と「毒がある」というワードが子どもの心に響いたのか、遠回りしながら調べたことや子どものつぶやきから答えがわかったことが印象づけたのか、この虫の名前と特徴は何日経っても子どもたちが忘れることはありませんでした。

　この姿に感動した保育者は、すぐにポートフォリオとドキュメンテーションを作成しました。それらを通して、子どもから保護者へ直接自分の体験を伝える姿があり、子ども自身のより深い理解へとつながっていきました。

タブレットで撮った写真でポートフォリオを作成

お迎えのときに子どもから経験したことを保護者に伝える

タブレットを使い、今回の活動の始まりや過程をリアルタイムに近い状態でポートフォリオやドキュメンテーションで共有することができた。

『わたしたちの図鑑』づくり

今回の経験を今後につなげていきたいという思いから、『わたしたちの図鑑』づくりへと活動が広がっていきました。自分で見つけ、不思議だな、知りたいなと感じたものをこれからも探究し、また、そのときの経験を振り返ることができる図鑑のページが増えていくのが楽しみです。

『わたしたちの図鑑』1ページ目は「アカシマサシガメ」

活用にあたって……

本園では、日常的にICTを活用しています。子どもたちが知りたいと思ったときにすぐに調べられる環境や道具を準備し、毎日出かける散歩先にもタブレットを持っていき、そのときの様子を写真や動画に収め、園に戻ってから子どもたちと対話を重ね、探究しています。タブレットだと手軽に何でも調べられる一方、あえてまずは図鑑や拡大鏡を使い、ゆっくり遠回りしながら深めていく過程を大切にしてきました。

しかし、今回の活動のように、子どものそのままの思いや発した言葉から探究が進んだことは、これからの新しいICTの取り入れ方を知るきっかけとなりました。またその画像をポートフォリオやドキュメンテーションにすることで、その日の活動を保護者の方とも共有し、子どもから伝えることで、より深い理解へとつながっていくことを感じました。それは、まさに「深い学び」となっていました。これからも、ICTのメリットを最大限に活かし、保育の広がりや探究を進めていきたいと思います。

社会福祉法人みかり会 小規模保育園 森のこどもたち
所在地：兵庫県西宮市
定員：19名

こどもなーと保育園

虫や自然物への興味・関心から探究活動へ
マイクロスコープを通して広がる世界

本園では、活動の目的を決めすぎない「あそび（余白）のある保育」を目指しています。子どもたち一人ひとりの発想や気づきに沿って遊びを展開できるように、柔軟な考え方を大切にしています。本事例では、虫が大好きな一人の2歳児の行動から周りの子たちにも興味・関心が広がり、虫だけではなく、石や植物など身の周りにある自然物に興味をもちはじめました。マイクロスコープとタブレットを活用することでそのモノのもつディテールに気づき、それぞれの違いを観察していく中で探究活動が広がっていきました。

マイクロスコープとの出会い

　4月のある日、虫に興味をもつ子が多い2歳児クラスで、虫をもっとよく見えるようにしてみてはどうかと保育者が話し合い、マイクロスコープを導入してみました。

　マイクロスコープで大きく拡大されてタブレットに映し出された映像に、興味をもって集まってきた子どもたちですが、そこに映っているのがダンゴムシだと認識することは難しそうでした。

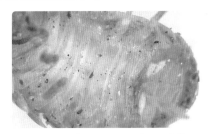

マイクロスコープで拡大したダンゴムシの腹部

タブレットに映し出されたダンゴムシを見る子どもたち

マイクロスコープだと肉眼で見るよりもはっきりと見ることができ、タブレットに映し出すことで複数の子どもたちが同時に見ることのできる環境に。

自分たちのオリジナル図鑑を作ろう

　近くの公園で小さな虫を見つけたTが絵本に載っている虫を指差し「これ、いっしょ！」と照らし合わせる姿を見て、興味があるものを発見する面白さを持続させたいと考えました。虫探しに夢中になる子どもたちと虫にあまり興味をもたない子どもたちが、一緒に公園へ行って探索活動に興味をもてるように、虫だけではなく自然物も取り入れた子どもたちそれぞれのオリジナル図鑑を作って、図鑑に載っているものを探してみようと思いました。

絵本に出てくる虫を指差し、「これ、いっしょ！」と伝えるT

　どのような虫や自然物が探せるのかを保育者が事前にタブレットで検索し、プリントしたものを子どもたちに選んでもらい、それぞれのオリジナル図鑑ができました。

それぞれ興味のある画像を選び、画用紙に貼り付ける

タブレットを使い、実際に公園にいる虫や自然物に近い画像を検索しプリントして、子どもたちが自分で好きなものを選び出せるようにすると、今どんなものに興味をもっているのか、それぞれの興味・関心を保育者が知ることができた。

再びマイクロスコープと出会う

その後、秋も深まり虫の姿をあまり見かけなくなると、子どもたちの興味は色が変わっていく落ち葉や、どんぐりや松ぼっくりなどの木の実に移っていきました。

12月のある日、子どもたちと公園へ散歩に行くときに、葉っぱや木の実の観察に役立つものはないかと思い、マイクロスコープとタブレットを持っていきました。4月は保育者がマイクロスコープを使い、子どもたちはタブレットの画面を見るだけでしたが、今回は事前にマイクロスコープの使い方を説明しました。初めに保育者が葉っぱの葉脈などを映して一緒に見たあと、子どもたちが自分で使えるように手渡しましたが、ほとんどの子は興味を示さず、すぐに走って遊びに行ってしまいました。

まずは保育者が葉っぱの葉脈を映してみる

そんななか、Hだけはマイクロスコープのそばを離れず、映し出された葉脈を見ていました。保育者がピントの合わせ方などの操作を説明するとすぐに覚えて、「木の枝が見たい」と自分で木の枝にマイクロスコープをあてて「これはちがう」「これもちょっとちがう」と枝を１本ずつ比べていました。

その様子に気づいた他の子どもも少しずつ興味をもち、「なに見てんの？」と近づいてきて一緒にマイクロスコープを使い出しました。

木の枝にマイクロスコープをあてるH

マイクロスコープを使うとディテールをしっかりと見ることができるので、それぞれの枝の違いに気づき、観察への意欲が高まる。

身近に感じられる工夫を

　マイクロスコープで見た映像をもっと身近に感じることができれば、もっと興味をもつのではないかと保育者が考え、見た画像をプリントし、保育室の壁面に貼り出しました。

　すると、それを見た子どもたちがプリントの前に集まり「あー！」「これ、見たやつやな〜」と反応してくれました。その中の１枚のプリントを見たHが「石って光ってるんやなぁ」と言ったのを聞いて、この画像がマイクロスコープによって拡大されたものとしっかりと認識できているんだなと感じました。

石の表面をマイクロスコープで見た画像

マイクロスコープをタブレットと連動させて使うことで、画面をそのままスクリーンショットとして記録。画像をプリントして掲示することで、見たものへの興味・関心が継続する。

壁面に貼られたプリントを見て「石って光ってるんやなぁ」

活用にあたって……

　一人の子どもの虫への興味から始まった活動が周りの子どもたちにも広がるなかで、マイクロスコープとタブレットの活用により、小さな虫や自然物の一部分を拡大し、複数の子どもで同時に見て共感しながら興味・関心を深めていくことができ、子どもたちが見る世界、感じる世界を広げられたと感じています。2歳児の保育にICTの活用は難しいと思われがちですが、私たちが思っているよりも子どもたちはしっかりと理解し、適応していることに気づかされました。できるだけ先入観をもたずに、子どもたちの世界を広げられるツールを有効に活用していきたいと思います。

株式会社なーと こどもなーと保育園
所在地：大阪府大阪市
定員：19名

探究する

2

まちのこども園 代々木公園

土の探究活動
「よく見る」「触れる」「感じる」「知りたい」から
探究が始まる

5月のある日、代々木公園で黄色い土を見つけ、ある子どもが「これは昔の土だ！」と言いました。クラスで対話すると、「時代によって土の色は違うと思う」「上になるほど新しい時代」という声が上がりました。「土はどれも一緒ではない」と仮説を立てた子どもたち。花壇の土作りの経験もあり、土には様々な種類があることを知っている子どもたちは、代々木公園にはどのような土があるのか探すことにしました。見つけた土を様々な視点から「よく見る」「触れる」「感じる」ことで、もっと「知りたい」と探究が深まっていきました。

土の採取と観察

「風の中で手を離すとサ〜って飛んでいくよ」「かたいけど、やわらかい土がある」。土を持ち帰って、マイクロスコープで観察する様子もよく見られました。場所によっても、土の色や質が違うことに気づきます。

手触りを確かめ、どのような土かよく見て記録を取る

さらにマイクロスコープでよくみてみると…

マイクロスコープで見ることで細部まで観察することができ、より土の性質の違いに気づく様子がうかがえた。土を持ち帰るたびに観察をし、土の特性を記録する姿があった。

泥ってなんだろう

「水でぐちゃぐちゃになったもの」「土と雨が混ざったもの」「水がしみてやわらかくなったもの」。雨の日や雨上がりに泥を採取して、実際によく触り、土と泥の感触の違いに不思議さを感じている子どもたち。泥を園内に持ち帰り、その性質を理解しようと、はかりで重さを量ったり、本などで知識を得ようとしたり、電子顕微鏡やマイクロスコープで観察したりする姿がありました。リアルな体験とICT活用の繰り返しから不思議を再発見し、新たな不思議を調べているように感じました。

雨上がりの土

「泥ってなんだろう」

「泥は土より重いのかな？」

土を乾燥させるためには「たいよう」と「かぜ」が必要！

乾いた土粘土は、「色が違う」「かたい」「ヒビが入る」と子どもたち。「集めている土も乾くとどうなるんだろうね？」と保育者が問いかけると、子どもたちは「乾燥して色が薄くなると思う」「サラサラになると思う」「白い砂になると思う」と仮説を立てました。乾燥させるためには「たいよう」と「かぜ」が必要、そして、「新聞紙に載せるといい」という子どもたちは早速、土を新聞紙に載せ、縁側へと運びました。そして、乾いた土をマイクロスコープで観察すると、元の土とは見え方が違うことに気がつきました。

新聞紙に載せ「たいよう」「かぜ」のあたる縁側へ運ぶ

マイクロスコープで乾いた土を観察する

乾燥した土をふるいにかけてみたらどうなる？

においを嗅ぐ、触れる、水を混ぜる、雨の日に触れる、けずってみる、丸めてみる。虫眼鏡で見る、マイクロスコープで目に見えないものを見る。様々な角度から土の探究をしてきた子どもたち。「乾燥させた土をふるってみたらどうなるかな？」とふるいにかけてみることにしました。「石とかはふるうと土になって出てくると思う」「大きい部分は上に残って、小さい部分は下に残ると思う」と予想します。

その後、ふるいをかけた土を電子顕微鏡やマイクロスコープで観察し、「サラサラになってる」「細かいチームと大きいチームに分かれた」とその違いを発見していました。

「ふるいに残った土は大きい」とマイクロスコープで発見

IoTで遊んで

ふるいにかけて分離した土をマイクロスコープで観察することで、仮説を立証できた。

「ろ過」っていう方法があるよ

　探究の合間にも、園庭で水遊びをしながら土について考えている様子がありました。「泥は何でできているんだろう？」「かたい土があって、雨が降ってきて、土の下まで雨が入って、土には染み込まないで、そこに雨が降ってきたから水があふれる。だから、水たまりができるんだと思う」。また、泥を溶かした後に泥と水をそっと分けて、きれいな水だけを汲む姿が見られ、水と土が互いに関係し合っていることを発見しているようでした。

　そんな折、子どもたちは「ろ過」という方法を本で知り、「ティッシュ」「コピー用紙」「画用紙」「段ボール」「水切りネット」「半紙」を使ってろ過の実験を行うことにしました。「細かい素材だと、泥水は透明になる」「ゴミを通さないようにしてくれているから」と、子どもたちはろ過する素材により水の透明度が変わることを観察から発見していました。

異なる素材でろ過を試みる　　　　落ちてくる水の色の違いを観察　　　　1つずつ増えていく「土のサンプル」

活用にあたって……

　土の探究では、土という題材を多角的に見て「不思議」と「発見」を繰り返す様子が見られました。ここでは、電子顕微鏡やマイクロスコープというICTが登場しますが、これらは普段からクラスの環境に設定されており、外で見つけた葉っぱや木の実、虫などを持ち帰った際に子どもたちが観察するための道具（1つのツール）として日常的に活用しています。「土」という題材の面白さや不思議に気づいたときに、子どもたちが自ら「見えないものが見える道具」として使用しています。「見えないものを見る」ことで、「土」への興味が深くなり、「もっと知りたい」という探究心が生まれ、この活動が続いた原動力になっていたように感じています。この土の探究からのつながりで、土粘土を乾かして粉々にしたもので土絵の具を作り、絵を描くなどの活動にも発展し、現在もこの取り組みは続いています。

ナチュラルスマイルジャパン株式会社 まちのこども園 代々木公園
所在地：東京都渋谷区
定員：128名

2 − 4

認定こども園 七松幼稚園

生き物と生活をともにする
対話によってより深い学びへ

本園では、保育活動の中で液晶テレビ、プロジェクターを用いたり、目的に応じて子どもたちにタブレットを渡して写真や動画を撮る活動をしています。年中組の子どもたちは、様々な生き物をクラスで飼育することになり、生活をともにする様子をICTによって捉えることにしました。そして、ウズラの雛の誕生と死に向き合うこととなりました。その後、悲しい気持ちを引きずりながらも、新しくカメを迎え入れたことから、カメの生活について友達同士で知るようになり、さらに冬眠場所をタブレットで探すこととなりました。

ウズラの卵がやってきた

　1学期に園で飼育していたインコが亡くなってしまいました。子どもたちは新たな野鳥が卵を産みに来てほしいと願い、鳥の巣を作りました。しかし、なかなか卵を置いていってくれる鳥は来ませんでした。2学期になり、近隣の園にウズラの有精卵をもらったことから、孵化させることに挑戦しはじめました。

　日々卵の変化を気にする中、いよいよ孵化が始まりました。皆が押し合って観察すると密になってしまうため、タブレットと液晶テレビをつなげて観察することとなりました。タブレットで様子を観察するだけでなく、ビデオ撮影を行い、他のクラスの子どもたちにも見られるようにして、皆で誕生を喜びました。

孵卵器の様子

雛の誕生をタブレットで撮影し、液晶テレビで観察

タブレットと液晶テレビの活用で、多くのクラスの子どもたちが孵化する様子を観察できた。

突然のお別れ

　孵化してまもなく、雛が、水の入れ物をすべてこぼしてしまったことから、濡れて冷えてしまい、亡くなってしまいました。子どもたちは出会いの感動から突然の別れとなってしまい、悲しみに暮れました。

　雛の誕生については、撮影した動画を園のInstagramにも掲載したり、保育だよりに子どもたちと雛の様子を掲載したりして、子どもたち、保護者、Instagramをフォローしてくれている人たち皆とその喜びを共感しました。また突然の別れについても、埋葬する様子を保育だより等で写真付きで伝えて、他のクラスの子どもたちや保護者からも共感を得ることとなりました。

温めていたウズラの卵から雛が孵化しました！運良く孵化の様子を見る事ができ、卵から出て来る雛を応援！「凄かった」と一生懸命に出てこようとする雛の姿を見て感動したようです。

雛の様子を伝える保育だより

撮影した写真や動画を、保育だよりやSNSに掲載することで、保護者にも雛の「今」を伝えることができた。

今度はカメがやってきた

　ウズラの雛の死後、動物の人形とカプラを組み合わせて動物園作りをするなど、子どもたちの生き物への興味は継続していました。そして、ある保護者からカメを頂きました。皆で「くんちゃん」と名前を付け、お世話をする中で愛着が湧き、クラスの一員となりました。また、カメの食べ物について調べ、水槽の掃除や日光浴のための散歩をする中で、「くんちゃんはキャベツを食べるん

くんちゃんへの餌やり

だ」「くんちゃんは隠れることが好きなんだ」などとカメの生態について様々な発見や気づきがありました。

冬眠できる場所を探そう

　寒くなってくると、くんちゃんの元気がなくなっていることに気づきました。くんちゃんは暖かい所が好きだと知っていた子どもたちは、温まれるように落ち葉を集めて水槽に入れました。しかし、それでもくんちゃんは元気にならず、「冬眠するんちゃう？」という疑問が出てきました。そこで、グループに分かれて、園庭の中で冬眠に適した場所を探してタブレットで撮影することに。そして、最もよい場所がどこか相談して、他のグループの友達に伝えられるように準備を始めました。

タブレットで撮影する場所を相談

撮影した冬眠場所「砂場が好きなんじゃない？」

> **ICT活用**
> 子どもたちがグループごとにタブレットで撮影し回ることで、対話を生み出し、他の友達に伝えたいという思いが育まれた。

写真に撮った場所を紹介しよう

　タブレットを液晶テレビに映して、グループごとに撮影した写真を他の友達に説明しました。そして、皆で液晶テレビに映した写真を見ながら、「隠れることが好きだから土の中に潜れる場所がいいね」「温まって眠れるように太陽が当たる場所にしよう」などと意見交換しました。

皆で意見交換「くんちゃんは暖かい場所で寝たいと思うから、ここがいいと思う」

写真を液晶テレビに映してクラス全体で共有することで、具体的な場所やその場所のよさを伝え合うことができた。友達が説明するときに質問や同意をして、対話する姿が見られた。

その後、「冬眠の場所を選んでもらおう」と散歩に何度も連れていきましたが、冬眠する様子はありませんでした。しかし、寒くなるにつれくんちゃんの元気がなくなり、保護者に相談した子どもが、家庭で使っていたカメ用のヒーターを園に持ってきてくれました。水温が高くなったことでくんちゃんは元気になりました。子どもたちはお世話をする中で、水温が低くなっていないか、高すぎないかを水に触れて確認するようになりました。

温度はこれくらいかな?

活用にあたって……

　以前からタブレットで撮影された写真や動画を液晶テレビに投影することがあり、子どものカメへの興味・関心から、冬眠する場所の撮影につながりました。以前なら、全員でそれぞれの場所に行くこととなり時間がかかっていましたが、写真を共有することで、子ども自身が考え、友達と相談し合う対話のきっかけにすることができました。また、撮影した場所に込めた意味や、カメへの思いをもって説明することで、相手に伝える表現活動の1つとなります。本事例は、その後絵本作りの活動に至ったので、機会があればこの絵本を動画にして、ICTを活用して他の人へ伝えるというように活動を発展させていきたいと考えています。

　これらのICTを活用した取り組みは、直接的・具体的な体験を基に行うことが肝要だと思います。子どもの生活の中での直接的・具体的な体験を基に、子どもにICT機器の活用を委ね、友達同士の関わりの中でより体験を豊かにしていくことが、主体的で深い学びにつながると考えています。

【参考文献】
・亀山秀郎「幼児の主体的な学びにつながるICT機器の活用」『月刊 初等教育資料』2021年12月号、pp.96-99、2021年

学校法人七松学園 認定こども園 七松幼稚園
所在地：兵庫県尼崎市
定員：360名

宮前おひさまこども園

子どもの願いが叶い探究活動が深まる
ツバメの巣の映像から、映画上映会へ

本園では、子どもの興味・関心から始まる遊びを大切にしています。園に飛来してきた2
羽の鳥への興味から子どもたちの探究活動が始まりました。鳥の正体を探ったり、外敵か
ら守る方法を考えたりしながらツバメとの共存生活を送っていました。そして、「巣の中
を見てみたい！」という子どもたちの願いが、スマートフォンと自撮り棒によって実現し
ます。巣の中の映像を撮影できたことをきっかけに、子どもたちの探究活動はさらに広が
り、深まっていきました。

テラスに鳥がやってきた！

6月のある日、2羽の鳥が飛来し、テラスにあるパイプで巣作りを始めました。子どもたちは巣作りの様子に興味津々。そして、「あれはツバメだよ！」「いやスズメだよ！」と、鳥の正体を巡って意見が分かれました。

ツバメとスズメの特徴の違いを比較できる掲示

画像を手がかりに鳥の正体を調査中

パイプの上での巣作りに興味津々

ツバメとスズメの特徴から違いを比較できるよう、2つの画像を並べた掲示物を、保育者がタブレットで作成。画像を手がかりにしながら、鳥の正体について調べることができた。

2　探究する

ツバメとの生活の始まり

画像を手がかりに調査した結果、巣作りした鳥の顔に赤い模様を発見し、ツバメであることがわかりました。ここから、子どもたちとツバメの共存生活が始まりました。

ツバメとの生活の中で、巣から卵が落ちても割れないよう巣の下にベッドを設置したり、カラスから守るために大きな鬼を描いたり、巣から落ちてくるフンを受け止めるトイレを作ったり、子どもたちが気づいたことや考えたことを様々な方法で試していきました。

ツバメをカラスから守るための大きな鬼

テラスに設置されたツバメのトイレ

巣の中を見てみたい！

　日に日にツバメへの愛着と生態への興味・関心が高まり、クラス皆が「巣の中を見てみたい！」という願いを抱くようになりました。そこで、巣の中を見る方法について作戦会議を開きました。「台に乗る」「はしごを使う」「ミミズで親ツバメをおびき寄せている間に見る」など、様々なアイデアを試してみますが、どれもうまくいきません。

　そこで、保育者が自撮り棒とスマートフォンで撮影してみることにしました。映像を確認すると、巣の中に5つの卵が産まれていました。子どもたちから大きな歓声があがり、雛の誕生を心待ちにする声が聞かれました。

巣の中を見る方法についての作戦会議

巣の中の撮影に挑戦

大きなスクリーンに巣の中の映像を映し出す

　卵の撮影から1週間後、「巣の中から鳴き声がする！」という発見により再度撮影をしました。保育者は、生命誕生の喜びを皆で共有できるように、大きなスクリーンとプロジェクターで巣の中の映像を映し出しました。映像には5羽の雛が孵（かえ）っている様子が収められており、子どもたちからは自然と拍手が起こりました。さらに、保育者は子どもたちがツバメの生態の面白さに気づけるように、絵本をスクリーンに投影して読み聞かせました。

　絵本を読み終えると、「他のクラスにも見せてあげたい！」という声があがり、ツバメの映像と絵本の読み聞かせを上映する「映画上映会」を開催することが決まりました。

スクリーンに映し出された5羽の雛

映画上映会に向けて

　自分たちで企画した映画上映会に向けて、新たな活動が始まりました。子どもたちは、上映日を知らせるためのポスター作りや、来場したお客さんが購入できるポップコーンやポテト作りなど、お客さんに喜んでもらえることを考えて準備を進めました。

　当日は会場整備、司会、上映中の警備など運営のすべてを子どもたちが担当し、自分たちで企画した映画上映会を開催することができました。

上映会前に売店で買い物中

上映会にはたくさんのお客さんが集まり大盛況

　司会の声を拡声するためにマイクを使用したり、絵本のスライドをめくるなどの簡単なパソコン操作をしたりして、本格的な映画上映会を開催。

活用にあたって……

　ツバメを巡る探究を通して、手の届かない場所にある巣の中を見たり、巣の中の様子を映像として記録したり、大きなスクリーンで友達と生命誕生の感動を共有したり、大人数のお客さんを招いて映画上映会を開催したりと、活動が広がっていきました。これらは、ICTの力がなければ実現しなかったことです。

　別の見方をすると、ICTが子どもの願いを叶え、願いが叶うことで新たな願いが生まれるといった循環が生まれていました。つまり、子どもたちの探究活動をICTが支え、深める役割を担っていました。

　子どもの興味・関心を出発点としながら、対象と関わる中で生まれる様々な願いを実現するための手段として、ICTの力を効果的に活用し、子どもたちの探究活動を支えていきたいと思います。

学校法人亀ヶ谷学園 宮前おひさまこども園
所在地：神奈川県川崎市
定員：90名

2

探究する

まちのこども園 代々木公園

まちの音のプロジェクト
「音」との出会い、まちやまちの人との出会いを
ICT でつなぐ

上の写真は、子どもが「音」を表現した作品です。本園では、子どもたちの「問い」から
始まる探究プロセスを大切にしています。冬のある日、陸橋からまちを見下ろしていると
きに「セミの音はもう聞こえないね」と1人の子が言いました。その気づきから「『音』っ
てなんだと思う？」と対話が起こり、この活動は始まりました。保護者から紹介されたま
ちの音のプロフェッショナル（地域の人）との出会いや対話、ICTを活用した音探しをす
る中で、子どもの表現活動が広がっていきました。

まちの音を集めてみたい！

「風が吹いたり、鳥が鳴いたり」「歌と音はいっしょ？」「音は自然に出るから音だよ」「嬉しい気持ちになる音は川とか、森とか、自然の中にある」。様々な仮説を立てた子どもたちは「まちの音を集めてみたい！」と、代々木公園の中に音を集めに出かけました。

「チャポン」水たまりに石を投げる

枯れ葉の中をすり足で早歩き。「シャシャシャシャ…」

デジタルカメラとタブレットで、子どもが見つけた音と映像を撮影。それぞれが集めてきた音をタブレットに入れ、まずは音だけ聞き、何の音かを当て合った。答えは映像を見て確認。耳だけで聞く音と実際の音との違いに面白さを感じていた。

音のプロフェッショナルとの出会い―オンライン対話①

子どもたちの活動を知った保護者より、サウンドスタイリストの大河内康晴さんを紹介してもらいました。子どもたちの興味との親和性が高いと感じ、子どもたちとオンラインで出会いの時間をもつことになりました。

大河内さんからは音の仕事の紹介とともに、人は目と鼻と口と手足を使って生活していることや、目を瞑ることで音の想像は広がり、ホラー映画は音を消してみると怖くない、など音の感覚についても教えてもらいました。子どもたちからは、先日集めてきた音を使った「音当てクイズ」。お互いに「音」を介した出会いの場となりました。

大河内さんへの質問！

Web会議システムを活用して、まちの人との対話が実現。音のプロとの出会いによって、子どもたちの「音」への興味が高まった。

2

探究する

保護者との「まちの音さがし」ワークショップ

作成した地図とシールをもって探索

　「もっと音を集めたい」「まちの音も集めてみたい」と言う子どもたち。親子で一緒にまちを歩き、まちの音を探すことにしました。

　親子で耳を澄まし、気に入った音を映像とともに録画し、集めた音を聞き合い、皆で対話しました。神社の鶏が鳴く声、消防車がサイレンを鳴らして走り去る音、お店から流れる音楽。意識して音を聞くことで、まちの見え方が変化しました。

IoTで実現

録画には保護者のスマートフォンを利用。アプリ等を利用し、パソコンに収集した。自分で集めた音に子どもたちはこだわりと愛着をもっている様子だった。

音のカタチを見てみよう―オンライン対話②

音楽用の編集ソフトで音のカタチを見る

　それぞれ集めたこだわりの音に子どもたちの名前をつけ、大河内さんに前もって共有し、2回目の対話を行いました。今回は保護者の方々もリモートで参加。大河内さんは音楽用の編集ソフトを使い子どもたちの集めた音を波形にして、見せてくれました。「あ！　僕の音が見える！」と画面に夢中で見入る姿がありました。

　「みんなカタチが違う」「小さい音はかわいい」「線を見れば、大きい音か小さい音かわかる」。そんな子どもたちの様子を見て、保育者が「まちの音を色やカタチにしてみるのはどう？」と提案したところ、「いいね！」と声が上がりました。

IoTで実現

音楽用の編集ソフトを利用し、音を耳で聞くだけではなく波形で音のカタチを見たことで、音の見方が変化し、多角的に物事を見る視点をもつことができた。

まちの音を色やカタチで表現する

その後、木材、廃材、紙や絵具など、様々な素材を用いて子どもたちは音を表現しはじめました。タブレットを手元に置き、音を繰り返し聞きながら手を動かしていました。

一人で黙々と絵具の筆を進めたり、友達と共同して試行錯誤しながら制作したり、小さなビーズを繊細に並べたり、どの子どもも自分のイメージをもって表現活動を進めていました。仕上がった作品は、どれもその音だということが納得できる表現でした。

タブレットで音を聞きながら音をカタチにしていく

タブレットによって自分で録画した音や映像を繰り返し聞くことで、イメージが明確になり、表現が深まっていった。

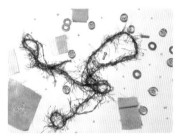
「えきのこうじのおと」

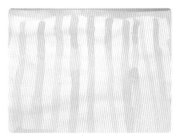
「やまのてせんのおとといろ」

活用にあたって……

パソコン、タブレット、デジタルカメラやマイクロスコープなどを日々の保育のツールとして活用しています。ICTの可能性は大きいと考えていますが、活用する際には、周りの環境や関係性を大切にデザインしていく必要があると考えています。

本事例は、ICTがなくてはプロセスが作られなかったでしょう。また、コロナ禍でまちの人との交流もできなかったと思います。本事例で大切にしたことは、子どもの問いと、活動への意欲、興味・関心、新しいことを知ったときの高揚感や知的好奇心、表現や創造力、人とつながること、家庭との連携等です。これらを助けるためにICTがよい働きをしたと考えます。子ども自身がICTを1つの道具として活用することで、段階的にプロジェクトを進めていき、活動が深まったと感じています。

ナチュラルスマイルジャパン株式会社 まちのこども園 代々木公園
所在地：東京都渋谷区
定員128名

関わり、気づき、「もっと」につながる

秋田喜代美

日常的に子どもの声を聴くことから始まり、生まれる活動

　6つの事例には共通性があります。それは、子どもたちが園内外の自然や社会的環境に出会う中で、ICT機器を日常的に使っていることです。ICT機器は室内で使うものという発想ではなく、いつも手軽に持ち歩く道具の1つとしていることです。例えば、2-2 こどもなーと保育園の事例では、マイクロスコープを戸外に持っていき、木の枝を観察していました。こどもなーと保育園や、2-1 小規模保育園森のこどもたちの事例は、いずれも2歳児の事例です。使い方さえわかれば、どの年齢でも可能なことがわかります。見えないものが見えることで、より深く物事への興味・関心を触発され、探究する姿が見られます。

　だからこそ、1日の特定の時間の活動で終わりではなく、すでにこれまでにもっていた興味・関心や知識と出会いの経験がつながり、より深く活動が発展することで、継続的な活動となっています。掲載されている事例は、あらかじめプロジェクトとして計画された保育というわけではなく、出会いの連鎖によって子どもの着想が次々とわいていくこと、その子どもたちの「もっとやってみたい」を実現していくことで、子ども主体の保育の中での達成感が生まれています。その意味では、ICT機器は、保育者が子どもの声をよく聴いたり、子どもの様子をよく見たりして、その瞬間に子どもとともに心を揺り動かされながら使用していくからこそ、面白い出来事を生み出すことがわかります。

活動や経験をつなぎ発展させるためのメディア（媒介物）として

　いろいろな情報を収集するためだけではなく、探究を通して今度は子ども自身が自分たちの表現を生み出していく活動へのサイクルが生まれています。ICT機器を使って活動が完結するのではなく、さらに深く子どもの目線が自然や社会へと向けられていくという循環がICTの活用に含まれていることを、事例は物語ってくれています。

　2-1 小規模保育園森のこどもたちの事例では、たまたま木から出てきた虫を見て調べることから始まり、虫の名前が知りたくなり、「わたしたちの図鑑づくり」というその園、そのクラスならではの経験へと、表現へのサイクルが生まれています。

　2-2 こどもなーと保育園の事例でも、戸外での一人の子どもの活動からオリジナル図鑑

づくりが始まり、ICTを用いてすぐにプリントアウトできた経験から、マイクロスコープの使い方を工夫して葉っぱの葉脈や石など「見えないものを見る」サイクルが生まれています。深い経験が、次にもっと深く見る経験へとつながることがわかります。

　また、2-3 まちのこども園代々木公園の事例では、土への疑問から探究が始まり、様々な場所の土に出会い、乾かしたり、ふるいにかけたり、ろ過したりと試してみるなど、子どもの興味から発展していったことがわかります。子ども自身が初めて経験し、気づくからこそ「もっと」が生まれ、そこには保育者が子どもたちの声を聴きとって問いかえす支えがあることもわかります。虫、草、土など日常的に子どもが出会う物が、ICTを仲立ちにすることで、新たな展開を生み出しています。

興味や喜びを共有することから生まれる出会いの連鎖とメディアの使い分け

　2-4 認定こども園七松幼稚園の事例では、年中児が生き物の生と死を経験する際に、液晶テレビで共有することで、多くの子どもが関心を向けました。そして子どもたち自身がグループになって撮影し、そこから絵本作りにも発展しています。長期に深く関わるからこそ、子どもたち自身が撮影者になって語りたいという気持ちが生まれています。

　2-5 宮前おひさまこども園の事例では、偶然テラスに作られたツバメの巣の中を見たいというところから、手持ちのスマートフォンと自撮り棒で鳥の成長を捉え、映画館ごっこへと広がっていきました。それまでの遊びの経験を活かし、年下の子どもにも見せてあげたいという思いがツバメの成長の観察を遊びに変え、園全体を巻き込んでいきました。小さなスマートフォンと保育者の機転が支えています。ICTを仲立ちとして、プロジェクターが映画館になっていく魅力が伝わってきます。絵本や手書きのドキュメンテーションも活用されるなど、必要な所で必要なメディアが活動をつないでいます。

　上記の事例は、ICTが可視化に寄与していたのに対して、2-6 まちのこども園代々木公園の「まちの音のプロジェクト」の事例では、タブレットを利用したまちの音集めから始まり、保護者との共有、音のプロの方との新たな出会いとオンライン対話、親子でのまちの音集め、子どもたちが感性で音のイメージを表現する活動へとつながっています。大事なことは、子どもたちの作品は手書き・手作りで、その子らしい表現が生まれていったことです。ICTには、自らの経験をこれまでとは違う形で表現できることで、子どもの創造性を引き出す可能性があります。オンライン対話も含め出会いの連鎖の契機にもなります。

　以上から気づくのは、どの年齢でも、保育者が子どもの思いに添って、子どもの心の動きを理解し、道具の１つとして子どもと保育者がともにICTを使うのであれば、様々な可能性があることです。同時に大事なのは、どの園でも、ICT機器だけをもっぱら利用するのではなく、図鑑や絵本などのメディアや手書きのプリントも使い分けることで経験が深まっていることです。乳幼児の探究プロセスは、子どもたちが一人ひとりその子らしさを発揮し、子どもが有能な表現者であることを示す１つの窓になり得るといえるでしょう。

荒尾第一幼稚園

深める・つなぐ・気づく 創作の道具
「まちがえた」を受け止めてくれるタブレット

本園では、絵を描いたり音楽を奏でたりするツールとしてタブレットを活用しています。
従来の創作活動の中にタブレットを取り入れることで、より夢中で活動に取り組むように
なったり、協同性の深まりや表現することの楽しさから自信が生まれるなどの変化がみら
れるようになりました。子どもたちがタブレットの活動を好むのは、タブレットが「まち
がい」を気にしないで受け止めてくれるからだと思います。それは優しさに似ていて、安
心と前進、意欲を生み出すものだと感じています。

協同性が深まる七夕会映画制作

＊ タブレットでペープサート（紙人形）を描く

年長組は毎年、七夕会に向けて年中組と年少組に見せる人形劇映画を制作します。映画の原作になる絵本の中の登場人物をタブレットで描き、プリントしてペープサートにしていきます。

描いては消してを繰り返し、仕上げる

実際の画用紙に描いていたときは、他のペープサートと大きさが合わず描き直すことが多くありました。何度も作り直すので、練習に時間をかけられなくなっていました。

タブレットで描くと大きさを後から変更できるので、作り直すことがなくなり、「話し合い」「振り返り」「演出」に時間をかけて、活動を深めることができました。

> タブレットでイラストを制作すると、後から自在にイラストを扱うことができる。

＊ 効果音探しと録音

映画には効果音も必要です。「映画にはどんな音が必要か？」「何を使ったら、その音が出せるのか？」などの話し合いの後、園内を探しに行きました。ビニール袋をバタつかせて鳥の羽の音を作るなど、想像力を働かせて、あらゆる物を使って効果音を作り出しました。そして、動画編集ソフトのアフレコ機能を使って録音しました。

ビニール袋で羽ばたく音を録音

録音作業は使い方を覚えてくると子どもたちだけで進めていくようになり、「準備はいい？」「いいよ！」と、声を掛け合う姿が見られました。

録音したものをすぐその場で、映像に合わせて聴くことができるので、「もっとよくしたい」という想いが生まれ、納得するタイミングを探す姿が見られました。録音が終わると拍手が起こったり、周りの友達から「いいね！」と声が掛かりました。

プレイバックして確かめる。「どうかな？」「いいね！」

> 動画編集ソフトで録音するとその場で映像と合わせて確認できるので、子どものイメージが膨らみ、意欲的な活動につながる。

3

表す・没入する

表現し合い、認め合う—タブレットによる劇のBGM作り

12月に行われる発表会では、劇を上演することに。音楽制作アプリを使って、劇で使うBGM制作を行いました。

最初はめちゃくちゃに音を出してみるという使い方でしたが、だんだんと操作に慣れてきて、場面に合った曲を意図的に作るようになっていきました。

この活動では、友達の作った曲を「すごい！」と認める子どもたちの姿がたくさん見られます。友達からこんなに褒められることは、そうそうないのではないかと思うくらいです。タブレットが手軽に、自分の制作したものをすぐ人に披露できるからだと思います。場面のイメージをBGMとして友達と伝え合うことは、驚きを伴う新鮮な体験となったようです。

作った曲をみんなに披露する

ICTで広がる！

アプリですぐに自分のイメージが形になり、友達と伝え合うことができる。

鏡とカメラとお絵描き

こうしたタブレットを使った活動を通して、子どもたちのアイデアが広がったり、意欲が高まる可能性を感じ、さらに新たな取り組みを進めました。

園庭の様々な場所に割れない鏡や飛散防止フィルムを貼った鏡を置くと、いつもと違うものの見え方が楽しめます。「並べたものが多くなる」「重ねたものが高くなる」「地面に空がある」など、その不思議さを記録するため、タブレットで写真を撮りました。

地面に空を映して撮影

「黒板に本当に描いた人はどれでしょう？」

ICTで広がる！

面白そうな撮影場所を探すことは、今まで意識して見たことがない場所にじっくり目を向ける機会となり、新たな発見につながる。

スケッチアプリを使って、撮影した写真に絵を描く方法を子ども達に教えました。「ぶらさがってるの」「ヘリコプター。ラジコン持っている人もいる」などと楽しそうに話しながら描いていました。

溢れ出る想像を語りながらお絵描き

写真へのお絵描きは、実際には描けない物に描ける自由を手に入れることになります。同時に人物に落書きして悲しい思いをさせてしまう可能性もあります。「人が悲しくなるお絵描きはしないで」ということを最初に伝えました。

子ども達は描いては消して、描いては消してと、自分の思い通りになるように何度も描き直していました。できあがると、「できたよ、見て！」と保育者に見せてくれます。完成した満足感や、自分の感じたことを表現する楽しさを感じているようでした。

できた作品はプリンターで印刷します。その写真が出てくる様子を、子ども達は瞳を爛々と輝かせ見つめていました。

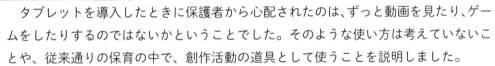

タブレット上では、実際には描けないものにも自由に描けるので、子どもの想像力が膨らむ。

活用にあたって……

タブレットを導入したときに保護者から心配されたのは、ずっと動画を見たり、ゲームをしたりするのではないかということでした。そのような使い方は考えていないことや、従来通りの保育の中で、創作活動の道具として使うことを説明しました。

タブレットでの協同作業の失敗は、よりよくする方法を見つける機会となります。すぐにやり直すことができ、繰り返すたび伝え合いや作業工程が熟練されて、活動が深まっていきます。

また、タブレットを導入することで、通常できない創造的な活動が可能になります。そしてまた、導入することで新しく生み出される「時間」は活動を深め、「友達を認める機会」は協同性を育み、「活動を高めようとする意欲」は気づきを生むなど、副次的な効果においても、保育で活用する意義を感じるのです。

学校法人岡崎学園 荒尾第一幼稚園
所在地：熊本県荒尾市
定員：110名

つぼみの子保育園

子どもと保育者の共同作業で叶った活動
コロナ禍であきらめかけた活動ができる世界へ

本園では、0〜5歳の異年齢保育を行っています。5歳児が考えたお店屋さんごっこの活動では、「自分が作ったものを誰かに買いに来てほしい！」という子どもの思いが強くなりました。同じ法人の施設を招待する予定だったのですが、コロナ禍で断念。どうにかして子どもたちの思いを叶えたいと提案したのが、オンラインを活用したテレビショッピングでした。他にもICTを使った活動が子どもたちの中で広がり、思いが形になっていくことを喜ぶ姿が見られました。

SHOP プロジェクトの始まり

日常の保育で行われている小さなお店屋さんごっこ。紙粘土でアイスクリーム屋さんをしたり、自分たちでメニューを作ってレストランをやってみたり、ごっこ遊びを拡げる子どもたちの姿がありました。

8月下旬。5歳児が自分たちの興味・関心に応じた「お店屋さん」になって、年下の友達をお客さんとして招くSHOPを開店することに決まりました。

注文のあった商品を持っていく5歳児

9月中旬のSHOP開店当日。5歳児は年下の友達に優しく接し、年下の友達は見よう見まねで5歳児の役割をやろうとするなど、異年齢保育ならではの関わりが見られました。振り返りの中で、「おうちの人にも買ってほしい！」という言葉が子どもたちから飛び出し、保護者を招待することに。すると、子どもたちもみるみるやる気に溢れ「何を作って売ろうかなぁ」と考える姿が見られました。

お客さんとして迎える年下の友達との関わり

＊ SHOP 準備

9月下旬〜11月下旬。早速準備に取りかかり、子どもたちが自ら考えた商品作りを行いました。いつもは、何かを作ると「持って帰る！」と言っていましたが、"誰かにあげたい"という気持ちが強くなったのか、「これはお母さんが買ってくれそう！」と、あらゆるものを「商品」として作り上げていきました。

夏から続いていた「おばけ」への興味から、商品だけでなく、おばけ屋敷も体験コーナーとして設置することになりました。そこには、保護者が驚いてくれる姿を想像して「早く来てくれないかなぁ」と心待ちにするおばけ役の子どもの姿がありました。

「どうすれば怖いおばけになるのか」を調べる手段としてタブレットを活用。おばけ屋敷の画像や動画を参考にした。

タブレットを使っておばけ屋敷を研究

「こんな感じ!?」何度も試すおばけ役の5歳児

✳ しかしそこで問題が…

　「商品を買うときって何がいる？」と保育者が尋ねると、「お金！」「でも、お金はもらえないよね…」と子どもたち。悩んだ結果、4歳児が「お金の代わりに私たちが使えそうなものを持ってきてもらえばいいんじゃない？」と提案！　他の友達も「それいいね!!」と納得し、ペットボトルのキャップ、包装紙、リボン等と交換することに決まったのです。

✳ SHOP 開店！

　11月下旬。保護者を招待して、SHOPを開店しました。接客はもちろん、すべて小さな店員さんが行いました。保護者にも「しっかりしてるね」などと声を掛けていただき、一つひとつの責任を個々で感じていたのか、その言葉に満足顔でした。

SHOP プロジェクトの拡がり

　その後、子どもの気持ちが途切れないように、姉妹園の保育者に買いに来てもらおうとしましたが、コロナ禍で断念。オンラインはどう？　という提案を受け、子どもたちは「いいね！」とやる気満々！　子どもたちと保育者で話し合い、オンラインだと姉妹園の子どもたちにも買ってもらえるので、早速ポスター作りを始めました。

オンラインショップのポスター

✳ テレビショッピング

　オンラインでのテレビショッピング当日。園からは4名の子どもが参加し、パソコンの前で自分が作った商品を紹介していきます。すると姉妹園の子どもからも「はい！　それ、私買いたいです！」という声が聞こえ、無事に売ることができたのです。ポスターを見た子どもからは、「ポスターにあったネイルはありますか？」「宇宙の絵はありますか？」とリクエストをもらい、遠隔でのやりとりが続きました。

　姉妹園では大きなスクリーンで多くの子どもたちが観ていたようで、用意した商品はほぼ完売！　テレビショッピングは大盛況で終了しました。

- スクリーンとプロジェクターを使って、テレビショッピングをみんなで共有。
- オンラインでのやりとりで、来園できなくても交流が楽しめた。

姉妹園では大きなスクリーンで共有

本園ではカメラとスピーカーでやりとり

＊ その後…

　12月～翌年2月上旬は、保護者に向けてSHOPの一部としてファッションショーを計画し、準備に取りかかりました。「他の人にも見てほしい！」と、前回のテレビショッピングのことが記憶に残っている子どもたちは、同じ法人の5つの園に向けてオンラインファッションショーを開催。オンラインを活用した活動が拡がりをみせました。

オンラインファッションショーのポスター

　自分たちが計画したショーに向けて、新たな活動が始まりました。司会、音響、カメラマンはもちろん子どもの役割で、司会の言葉なども子どもが自ら考え、トイレ休憩も挟む本格的なスケジュールを立てました。1部が終わるたびに質問を受けたり、最後にはアンケートをとったりと、子どもたちが考えたものを一つひとつ形にすることで、やり遂げようとする力を培うことができたのではないかと感じました。

出演者がカメラの前に立ち、質問を受ける

・司会の声を拡声するためにマイクを使用したり、音楽の再生など簡単なパソコンの操作をしたりと、本物の機材を使用して本格的なファッションショーを開催。
・オンラインを活用してショーを開催することで、遠くの園とも交流でき、参加した他園の刺激にもなった。

司会者はマイクを使用

活用にあたって……

　コロナ禍で今まで普通にできていたことが、当たり前ではなくなりました。だからといってすべてあきらめてしまうのではなく、できない環境をどう"できる"にしていくかを考えていく中で、ICTの活用が充実していきました。「これもコロナだからできないよね…」を、保育者が「一緒にやってみよう」と思うその一歩により、子どもたちの願いを叶えることができたように思います。今後もICTの活用が、保育者が子どもの共同作業者となって活動を深める、1つのきっかけになればいいなと思っています。

社会福祉法人みかり会 つぼみの子保育園
所在地：兵庫県西宮市
定員：20名

3－3

港北幼稚園

子ども自身が遊びをもっと面白くしていく

自分たちが撮影した映像で楽しむゲーム

本事例では、ある年長の男の子が、車に興味があったことから、保育者と一緒に車のゲームを遊びの中で再現していきました。その過程で、多くの子どもたちも関わってきて、ゲームに動画がほしいという声が上がり、パソコンやプロジェクターを遊びの環境として取り入れていきました。そのことで、子どもたちの遊びが広がり、子どもたちが園内を撮影し、その映像を使ったゲームへと遊びが大きく変わっていきました。

車のゲームを作りたい！

　夏休み明け、一人の男の子が車に興味をもっていたことから、運転するゲームを作ることになりました。子どもたちのイメージは、どうもテレビゲームではなく、ゲームセンターにある車のゲームを再現したいようでした。

　段ボールで運転席をイメージする仕切りができると、そこから子どもたちが車のハンドルや椅子を作り出しました。さらにアクセルとブレーキも必要ということで、牛乳パックを使い、どのようにしたらより本物らしくなるかを確かめながら試行錯誤する姿がありました。

回るハンドルを作ろう！

ここにコインを入れるとゲームが始まるんだ！

映像がないと面白くない！

保育室がゲームセンターに！

　ゲームの全体像がほぼ完成してくると、子どもたちは大きな問題にぶつかることになります。映像がないと面白くないのです。子どもたちから「テレビがあればいいのに」という声が上がり、保育者はプロジェクターとスクリーン、そしてパソコンを用意することにしました。

　プロジェクターとスクリーンを使って、子どもたちの作ったゲーム機の前で実際のゲームの様子がわかる動画を流すと、皆大喜び。映像に合わせてハンドルやアクセル、ブレーキを上手に操作します。それだけではなく、ゲームの途中に出てくるアイテムも実際に再現するようになりました。

3

表す・没入する

ゲームの世界から飛び出して、より面白くしたい！

スクリーンで動画を流すことによって、さらにゲームの世界に浸れるようになり、遊びを面白くするアイデアが生まれるようになった。

自分たちで映像を作りたい！

ゲームの映像を使ってしばらく楽しみましたが、そこで終わりにしないのが、子どもたちの面白さです。今度は子どもたちから「自分たちでコースを作りたい！」という声が上がりました。この声をきっかけに、子どもたちが園内の様子を撮影し、その映像をプロジェクターで流すことになったのです。

車を走らせるコースを撮影しよう！

子どもたちがカメラを持って園内を様々に動き撮影し、担任が編集して園内のコースの映像を作ると、ゲームの中では、まるで園内を車で走行しているような感覚を味わうことができました。このような遊びを自分たちで作り上げたことで、クラス全体に一体感も生まれていきました。

園内を爆走中

映像があることで、さらに多くの子どもたちが関わってきた！

遊びが深まってくると、ゲームの中で様々な役割が生まれました。映像の途中で出てくるグッズを実際に出す役や、映像の中でガタガタ道と決めた場所では、運転している人の椅子を背後からゆする役も必要になりました。ゲームの勝敗を決めるために、点数を記録する係や、点数を足し算して表示する子どもも出てきて、クラス全体でこのゲームを大事に進めていく姿が見られたのでした。

ゲームは映像だけでなく保育室全体を使って

ガタガタ道では椅子をゆする

3

表す・没入する

自分たちで撮影した動画によりゲームが発展していくにつれ、クラス全体で協力しながら楽しむ姿が見られた。

活用にあたって……

　本事例を通して、子どもたちが遊びや学びを深める上での、映像の可能性が実感できました。映像をうまく使い、子どもの興味や関心が広がると、子どもたちは勝手にいろいろと動き出します。また、プロジェクターやタブレット等の機材も、使い方がわかってくると、自由に使い出します。

　ただし、子どもたちが自主的に動き出すには、映像だけでなく、実際の世界との関わりが大事であり、映像だけ見れば終わりという使い方は避けるべきだと思います。その意味では、遊ぶための環境を提供する方法が問われます。また、子どもたちの興味に合う映像と、どのように出合うことができるかも考える必要がありそうです。

学校法人渡辺学園 港北幼稚園
所在地：神奈川県横浜市
定員：270名

堀川幼稚園

イメージを形にしたいから
発表会『宇宙のぼうけん』ができるまで

本園では、子どもの興味・関心から遊びが始まり、子どもたちの「やりたい！」が実現できるよう、主体的な遊びを大切にしています。発表会では、それまで友達と遊び深めてきたことがつながっていくように、友達と一緒に調べ、考え、話し合い、お話も衣装も大道具・小道具も自分たちで作る、オリジナルの劇を上演しました。イメージを形にする際に、絵本や図鑑などの他にタブレットで調べたことを参考にしたり、自分たちの姿をタブレットで撮影した動画を観て客観視することで、気づいたことを次に活かす姿が見られました。

プラネタリウムから、宇宙への興味や遊びが広がる

　7月、年長組で科学博物館へ行きました。プラネタリウムで観た夏の星座や宇宙について興味をもった子どもたちは、年中・年少組にも体験させてあげようと、プラネタリウム作りを始めました。

段ボールに穴を開け、中に電灯を入れて星を映す

穴にセロハンテープを貼り、マジックで色をつけたら、色とりどりの星が広がった

「星だけじゃなくて宇宙のお話もしたい！」透明なシートに描いた絵を映し出して、プラネタリウムがどんどん進化していく

宇宙に関する遊びが広がり、深まる

　完成したプラネタリウムに年少・年中組を招待することになりました。せっかくなので、他にも宇宙で遊べるようにと、乗って遊べるUFOやロケットも作ることに。図鑑やタブレットで調べながら友達と一緒に作り進めることで、さらに宇宙への関心が高まっていきました。

　そして、そんな年長組に訪れた宇宙船「クルードラゴン」打ち上げのニュース。朝から興奮気味に、タブレットで打ち上げの様子を見守りました。打ち上げの瞬間、「やった〜！」「かっこいい‼」「僕たちのロケットもあんなふうに飛ばしたい！」と気持ちがさらに高まりました。

皆で宇宙のことを調べる

3

表す・没入する

発表会に向けて

　宇宙の遊びを楽しんでいく中で、子どもたちの「おうちの人にも見てもらいたい！」という思いが高まり、劇遊びにして発表会で披露することになりました。まずは、皆でお話作りをしました。

　「UFOに乗った宇宙人が地球にやってきて、戦って地球を守りたい」「どうやって戦うの？」「隕石が飛んでくるのは？」「バリアしようよ」「ワープで移動するってどう？」など難しい言葉が飛び交うようになり、それをタブレットで調べたり、画像を見ながら相談して形にしていきました。他にも、例えばお話の中に出てくる世界の国々の踊りを動画で見ながら自分たちで工夫したり、衣装や大道具、小道具もタブレットで検索して、参考にして相談しながら作り進めていきました。

「大きい宇宙船を作ろう！」

「ワープってどう作ればいいんだろう？」

「ハワイに着いてフラダンスを踊るのはどう？」タブレットで踊りを研究

発表会の場面。隕石がぶつかるのをバリアして、地球が守られる

言葉は知っていても具体的にイメージしにくいもの、どう表現したらよいかわからないものは、タブレット等を利用してその場で即座に検索。子どもたちの思いをそのまま形につなげていくことができた。

ビデオで自分たちの劇遊びを観てみる

　劇遊びが完成した後、撮影してみんなで観てみました。発表会を観に来てくれるおうちの人の立場に立ち、演じている自分たちを観てみることで、「ここで何をゲットできたか言わないと話がわからないかも」「もっと後ろに下がっていっぱい走ったほうがよく飛ぶんじゃないかな？」「もっとゆっくりしゃべらないと宇宙人が何言ってるかわからないね」などの気づきや、「じゃあ、こうしてみようよ」という改善案が次々に出てきました。

劇遊びを皆で振り返る

自分たちが演じる様子をタブレット等で撮影して後から客観視することで、様々な改善点に気づき、どうしたらよりよくなるか考え、話し合い、自分たちの力で次に活かそうとする様子がみられた。

活用にあたって……

　元々は保護者への発信のために撮影したりブログをアップロードするために、各学年に1台ずつタブレットを整備し、そして、各クラスから配信できるようにWi‒Fi環境も整えてきました。

　子どもたちが興味をもったことを調べる方法としては、実物や実際を観ることができる場合は、見学に出かけて「本物に聞く」ということもできますし、園の図鑑や絵本などを手がかりに調べることも多くあります。今回のような「宇宙」や架空のもの、あるいは、どう探せば、何で調べたらよいかわからないものに関しては、タブレットを用いて子どもたち自身で検索することができます。子どもたちの疑問や興味に対する情報を即座に手に入れることができるのは、ICT活用の大きなメリットであると思います。しかし「なんでもタブレットで」ではなく、それぞれの効果的な活用の仕方を探っていきたいと思います。

学校法人伸和学園 堀川幼稚園
所在地：富山県富山市
定員：217名

豊かに世界を表し、世界に入り込む

野澤祥子

「表してみたい」「やってみたい」を形に

　子どもたちは、遊びや活動の中で、病院やレストラン、お店や遊園地など、今ここにはない世界を想像することができます。その際に、世界を表現する具体物があることで、想像が広がり、遊びや活動が一層充実していきます。子どもたちは身近にある素材や道具で必要な物を作って遊びや活動に活かしますし、保育者はそのための素材や道具を準備するでしょう。事例の中では、ICTが、子どもたちが世界を豊かに表現しようとする際の有用なツールになることが示されていました。

　例えば、3-3港北幼稚園では「テレビゲームの映像があったらもっと面白いのに」というアイデアを、ICTによって実現していました。ゲームの映像を楽しんだところから「自分たちでコースを作りたい！」と活動が展開していきました。園内でコースを作り、撮影したことで、多くの子どもたちが関わるようになり、遊びの広がりと深まりが増したようでした。

　また、3-1荒尾第一幼稚園の事例では、人形劇映画の作成において、絵を描くことや効果音・BGM作りをタブレットで行っています。何度もやり直すことができることによって、表現したい世界を表現する楽しさを味わうことができるという点も新たな気づきでした。

　このように、事例ではICTが子どもたちにとって情報をただ受信するためのものではなく、表したい世界をより豊かに表現し、やってみたいという思いを形にし、さらに展開・発展させるためのツールとして、存分に活用されていました。それは、ICTありきではなく、活動や遊びがまずあって、その中で必要に応じてICTが活用されているからこそだと思います。何のために、どのようにICTを活用するのかという保育の意図や配慮が埋め込まれた活動であることが、とても重要だと感じました。

子ども同士の共有や協働

　ICTというと、一人で動画を見たり、ゲームに没頭したりする姿が思い起こされ、「個人のツール」として捉えられる場合も多いかもしれません。しかし、ここに挙げられた4つの事例のいずれにも、子ども同士の共有や協働が見られました。ICT自体が子どもたち

の協働を促す面もあるということがわかります。自分たちが映した動画、自分たちが映っている動画を見ること、それを活用して遊ぶことは、誰かが作った既存の動画を見るのとは全く異なる喜びや面白さにつながると思います。

　クラス内・園内で共有・協働するだけではなく、オンラインを活用することで、外の世界ともつながることができます。3-2つぼみの子保育園の事例では、オンラインで他の園とつないだテレビショッピングの経験を経て、保護者に向けたファッションショーを計画し、実現しています。自分たちが表現したものを、オンラインを通じて他者と共有することそのものが、子どもたちにとって大きな喜びとなるでしょう。自分たちの作ったものを、相手がどう受け止めてくれるのか、ドキドキやワクワクが高まります。相手からの反応や質問は、次の表現への刺激となっているようでした。

　現在、デジタルやオンラインを活用する状況は、現実世界で起きていることです。ICTを子どもたちにとってリアルな遊びを展開する際の文脈として活かせることが、事例から示唆されていると思いました。

没入すること、客観的に見ること

　表したい世界を自分たちが求めるような形で表せることで、子どもたちはリアルにイメージを共有し、その世界へと没入しているようでした。その一方で、録音や動画を繰り返し再生できるということが、自分たちの動きを客観的に見てみることにもつながっていた点も、興味深いところです。

　例えば、3-4堀川幼稚園の事例では、プラネタリウム作りにおいて、宇宙についてタブレットで調べたことを活動に活かしていました。宇宙遊びはさらに発表会の劇遊びへと展開しました。劇遊びの様子を撮影して見てみることで、聴衆に伝わりにくそうなところへの気づきや改善案がたくさん出てきたとのことでした。

　映像を見ることは、少し離れた視点から自分たちの活動を見直すことになります。それによって「次はこうしてみよう」といったアイデアが生まれ、新たな活動につながっているようでした。このように、表すこと・没入することと、客観的に見ることの往還を支え、活動の発展を促すという点も、ICTの特徴の1つといえるのではないかと思いました。

　以上のように、子どもたちの遊びや活動の中でICTを意図的に活用することで、子どもたちが、自分たちが表したい世界を豊かに表すこと、その世界を他者と共有したり協働したりすること、さらにその世界に没入することを支えるツールとなることが事例から示されています。また、やり直しや見直しが容易にできることで、子どもたち自身で気づきを得て、よりよい表現へと展開・発展させていくことが可能となることが示唆されています。

千代田区立ふじみこども園

遠くにいる先生と心を通わせ、
さらに興味・関心を広げる

年中組のとき、担任のＡ先生に赤ちゃんができて、子どもたちは少しずつ大きくなっていくＡ先生のお腹に触れたり声を掛けたりしていました。年長組になり８月に赤ちゃんが生まれましたが、コロナ禍で会うことができぬまま、Ａ先生はタイで暮らすことになりました。「赤ちゃんは大きくなったかな」と、話題にあがったことをきっかけに、オンラインで再会！ 子どもたちは、待望の赤ちゃんと出会ったり、近況報告や質問をしたり、タイの国のことについて教えてもらったりと、遠くにいる先生と心を通わせました。

「赤ちゃんを産むために一時お別れ…」から、「さらに遠く」へ

　年中組の頃、担任のＡ先生のお腹が少しずつ大きくなり、子どもたちは「赤ちゃん聞こえるかな」と話しかけたり、そっと撫でたり、お腹に耳をあてて声を聞こうとしたりと、まるで自分の弟・妹が生まれるかのように楽しみにしていました。赤ちゃんがどんな様子でお腹にいるのかを聞いて、Ａ先生をいたわる気持ちも膨らんでいました。

　進級後の４月〜５月は、コロナ禍のため本園では登園自粛の協力依頼をしており、学級の子どもたちが揃ってＡ先生を送り出すことはできませんでした。しかし、登園していた子どもたちで、生まれてくる赤ちゃんのために音が出るおもちゃを作ったり、みんなの手紙を集めたりしてプレゼントし、「赤ちゃんが生まれたら、一緒に会いに来てね！」と約束して、Ａ先生は産休に入りました。

　８月、無事に生まれた赤ちゃんの写真を見せると、子どもたちは「かわいい！」「早く会いたいね」と期待をもっていました。しかし、Ａ先生は家族の海外赴任でタイへ行くことになり、再会が叶わぬまま旅立ってしまいました。

タイとこども園をつなぐ！

　２月になり、子どもたちは進学を前に、園生活を振り返りながら、自分たちの成長を実感する機会が増えてきました。年中組のときの思い出を話し合う中、「Ａ先生の赤ちゃん大きくなったかな」「Ａ先生に、１年生になること教えたいね」というつぶやきが聞こえてきました。

　そこで、タイにいるＡ先生とオンラインでお話ししてみようと子どもたちに提案してみると、子どもたちは、「知ってる！」「テレビ電話でしょ！」「おばあちゃ

画面にくぎ付けになって、次々に質問を…

んと、この前会えたよ！」など、家庭での経験を話す子どももいました。

　時差や赤ちゃんの生活リズムなどをＡ先生と相談し、日本がお昼になる頃に始めることにしました。子どもたちはワクワクしながら集まってきて、実際に画面に先生が現れると、「うわー！　Ａ先生だ！」と大歓声！子どもたちは笑顔いっぱいで、画面にくぎ付けになっていました。

　まずは、冬なのに半袖を着ているＡ先生に気づき、タイへの興味が湧きました。

<A先生＞   ＜子どもたち＞

＜子どもたち＞

先生は半袖だけど寒くないですか？

タイはとっても暑いです！今日の最高気温は32℃です！

えー！暑いの？日本は寒いよ！

タイは今何時ですか？

今、朝の9時30分！日本より2時間遅いんだよ。

タイはどんな国ですか？

先生の住んでいるタイのバンコクは、自転車や車がいっぱい走っています。タイには、日本みたいな春夏秋冬はなくて、"雨がたくさん降る季節" と "雨が全然降らない季節" と "とても暑い季節" の3つがあります。

　タイへの興味が止まらない子どもたちの質問の途中で、赤ちゃんが手足を動かし、声をあげました！　すると、子どもたちの興味は赤ちゃんに向かい…

赤ちゃんは、何を食べていますか？何歳になりましたか？

「おかゆ」を食べています。好きな食べ物は「ほうれん草」で「かぼちゃ」は苦手みたいなんだ。そして、まだ0歳です！7か月になったよ！

　と、赤ちゃんの様子を聞き、「かわいいー！」と、子どもたちも優しい顔になっていました。
　そして、「何か報告したいことがある人！」との問いかけに、たくさんの手が挙がり…

私、あやとりができるようになったよ！

本当だ！見えるよ‼

今日、縄跳びが125回も跳べたよ！

すごいすごい！いろいろなことにチャレンジしているんだね。さすが、もうすぐ1年生！

　と、それぞれに自分の成長を報告していました。
　そして最後に、子どもたちみんなで歌をプレゼントすると、「赤ちゃんも喜んで聴いていたよ。みんなありがとう！」と優しく声をかけてもらい、名残り惜しい様子で、さようならをしました。
　その後、タイの位置を地球儀で確認したり、国旗や食べ物を絵本やタブレットで調べた

りしました。さらに他の国にも関心が広がって、転居した友達の住む国のことや、旅行で行ったことのある国についても調べたり、知っていることを伝え合ったり、保護者に聞いたりして、国によって気候や時間、食べ物が違うということも知りました。子どもの興味・関心に応じて、ICTも大いに活用していきたいと実感しました。

地球儀で、タイの場所を探す

画面に向かってあやとりを見せる

4

伝える・対話する

大好きな先生や赤ちゃんとオンラインでつながり、心を通わせる喜びを通し、自分たちの成長を再認識できた。さらに、様々な国への興味・関心が広がり、絵本やタブレット、保護者の情報を活用することで、子どもたちは知る喜びを味わうことができた。

活用にあたって……

「A先生と会いたい」という子どもたちの気持ちから、オンラインでの交流を試み、遠い国にいても顔を見て会話できる喜びを味わうことができ、人と人の心をつなぐツールとしての価値や、さらに興味が広がって学びもつながっていくことを実感しました。コロナ禍であっても、新たな方法で子どもたちの大切な学びを生み出すことができることも、再認識できました。これからも、子どもたちのつぶやきをひろいながら、心の通い合いや学びが広がるICTの活用を工夫していきたいと思います。

千代田区立ふじみこども園
所在地：東京都千代田区
定員：200名

ポピンズナーサリースクール馬込

グローバル社会を生き抜く力を育むために
ここではないどこかへ想いをはせる

本園では、5歳児がこれから経験する小学校生活という新しい世界に期待をもって進んでほしいと願い、小学生との交流を始めました。また小学生や地域の大人たちなど様々な世代と関わることで、グローバルコンピテンス（グローバル社会を生き抜く力）を育んでいます。その中でも、子どもたちが自分のいる場所から、自分以外の場所、世界のどこかへ想いを馳せることができる感覚を身につけるにはどうしたらよいかを、小学生との交流を通して研究してきました。

大きくなったら

本園では、離れた場所でもいつでもすぐに想いを伝え合えるように、オンラインを活用して、学童クラブに在籍する小学生との日常的な交流を深めています。

5歳児クラスでは、よく話題にあがる「大きくなったら何になりたい？」の質問に、「プリンセスになりたい」「ケーキ屋さんになりたい」とアニメのキャラクターや自分

日常的にオンラインで小学生と交流

たちの身近な職業を答えます。お兄さん、お姉さんは大きくなったら何になりたいかな…そんな疑問を小学生との交流の中で投げかけてみると、「科捜研に入りたい。科学に興味があるから」「女優さんになりたい。人の前に出て表現することが好きだから、人を楽しませたいから」と、初めて聞く職業やなりたい理由を話してくれました。このとき5歳児は、自分の未来をイメージする力がより具体的になり、将来の夢を初めて認識することができました。

日常的にオンラインで小学生と関わることで、お互いを身近な存在として感じることができる。

小学生にきいてみよう

その後もオンライン交流だけでなく、お互いにプレゼントを贈り合ったり、小学生の作った新聞を共有し、それに対する5歳児の感想を伝えるなど様々な活動を行ってきました。

交流を続けて半年、保育園の中庭に『自分たちの園庭』をつくることになった5歳児。「お花を植えたい！」「虫をたくさん呼びたい！」「椅子があったらいいよね」と様々なアイデアが出ます。保育者からの「どうしたらそんな園庭が作れるかな？」の質問に、「小学生のお兄さんお姉さんにきいてみよう！」と5歳児たち。すぐにオンラインでつなぎ、聞いてみることにしました。

お兄さんお姉さんにきいてみよう！

「これからね、自分たちの庭を作るんだけど、何が必要だと思う？」「みんなは何が作れる？」この質問に小学生たちは、「机とか…」自分たちが作れる得意なものを言ってくれました。自然と机…少し離れた感覚でしたが、知らないことをすぐに教えてくれた小学生に、5歳児は心躍らせて話し続けました。

今から行っていい？

　自分たちが知らないことをすぐに教えてくれる小学生に、5歳児は「今から教えてもらいに行ってもいい？」とはしゃいだように言いました。「今日すぐ？　それはちょっとむりかな…」と小学生。5歳児は「え～、今すぐ行きたいのに」と納得のいかない様子。今まですぐにつながれた、顔を見て話せたことで、すぐに行けると信じていたようです。

　小学生は「どのくらい離れてるのかわかっていないんだね」と気づき、教えてあげることにしました。調べるとそれぞれの距離は12.9キロメートル。「12.9キロメートルって言ってもわかんないよね？」「歩いたらどのくらいかかるのかな？」どう伝えたら5歳児にわかりやすいか考え、時間で伝えてみようと思いつきました。

　所要時間を調べてみると、歩いたら2時間47分、電車だと46分、車だと36分かかることがわかりました。そして、それを招待状にして教えてあげることにしました。

オンラインの交流の中で、直接会いに行きたい気持ちが高まる

小学生からの招待状

インターネットを活用して様々な経路や所要時間を検索し、PDFにして送ることで、子どもたちの興味・関心が生まれた瞬間に対応できる。

送ってくれた新聞だ！

　招待状を受け取った5歳児は「来てくださいってかいてある！」「地図をみると、すぐだね、近いんだ」と大変盛り上がり、すぐにオンラインで連絡を取って、「明日行くね」「やった、待ってるね！」と約束しました。

　翌日、招待状を大切に握りしめ児童館へ。何度もオンラインでは顔を見たり話していても、実際に小学生に会うと照れた様子の子どもたち。「あ、送ってくれた新聞だ!!」児童館で一番初めに目にしたものは、以前送ってくれた子ども新聞でした。保育園にあるものと同じものが児童館にもあるということに子どもたちは大喜び。それをきっかけに打ち解け、会話が弾みます。小学生は5歳児に、オンラインで話していたのこぎりや金づちの使い方を、「まっすぐゆっくり動かすんだよ」と優しく教えてあげていました。

小学生に直接教えてもらう

園に戻って実践

教えてもらったことを、園に戻って早速実践しました。「なかなかうまくいかないな」「どうやってやるんだっけ」となると、またオンラインで小学生とつなぎ、「釘はまっすぐ打つんだよ」「そうそう上手、上手」とアドバイスをもらいながら釘を打ちました。

釘打ちやのこぎりの実践など、5歳児だけでは難しいと感じていましたが、オンラインと対面それぞれの方法で教えてもらい、さらにオンラインでサポートを受けて実践し、自分たちの園庭を作りあげました。

教えてもらったとおりにできるかな？

オンラインでつながることで、新しい知識の習得や探求をより深められました。対面で交流することで、物事をゆっくりと丁寧にやり遂げることの大切さや、自分にもできるという自信、一人ではできないことも皆で経験を持ち寄れば必ずできることを知りました。

オンラインと対面それぞれの交流は、5歳児にとっては想いを実現できるという経験、小学生にとっては自分たちの力が他者の役に立つという経験になりました。

> リアルな対面での交流とオンラインでの交流をハイブリッド活用して、難しい実践にも挑戦し、やり遂げることができた。

活用にあたって……

異なる場所にいる小学生との日常的な交流は、ICTの力がなければ実現できませんでした。日常的に交流することで、単発での交流以上に、よりお互いの存在を身近に感じ、相手の立場に立って考えること、他者の力を借りることで自分の想いが実現できること、自分の知識や経験が他者の役に立つことなど、様々な経験となりました。

また実際に対面し存在をリアルに感じることが、画面の向こう側の、自分たちの暮らしている世界とは異なる世界の存在を現実のものとして感じ、他者のために、世界のために行動しようという想いの原動力になるのではないかと思います。オンラインと対面、それぞれの方法での、立場や文化の違う他者との交流が、グローバル社会を生き抜く力を育んでいます。

株式会社ポピンズエデュケア ポピンズナーサリースクール馬込
所在地：東京都大田区
定員：90名

武蔵野東第一幼稚園・武蔵野東第二幼稚園

理科の先生とつながる、
小学生とつながる、保育につながる
幼小連携の試み

本園では、年長児を対象として、理科への興味や関心を深めてほしいという願いから、小学校の先生による園での出前授業「理科実験教室」を行っています。また、憧れの小学校を身近に感じられるよう、幼稚園とは雰囲気の異なる小学校の施設を見学するとともに、小学生との交流行事を行っています。しかし、コロナ禍のため、どちらも例年通りにはできなくなってしまいました。そこで、ICTを利用した幼小連携の新たな試みを実施しました。

理科の先生とつながる

✳ 小学校の先生の授業って面白い！

コロナ禍のため、小学校の先生による年長児のための出前授業「理科実験教室」ができなくなりました。代わりに、授業を撮影した動画が園に届きました。理科の先生は白衣で登場。子どもたちは、園の先生とは違う雰囲気を感じたようで、動画に釘付けでした。

理科の実験を見るまなざし

学びに特化した動画であっても、身近な小学校が園と連携して、園の環境や園児の興味・関心に合わせて動画を作成することができれば、園児が惹き込まれていく。

✳ 空気砲が変化していく！

「理科実験教室」では毎年、段ボールで作った空気砲の実験が人気です。園では、出前授業の後に子どもたちが再び実験して確かめられるように、保育室に段ボール素材を用意しておきます。子どもたち自身で空気砲を組み立てて、どうすれば勢いよく空気が飛び出すかを試行錯誤するのですが…今回はちょうど夏の夕涼み会でおばけ屋敷を作ることになっていたため、空気砲の原理を応用して「おばけの手が飛び出すしかけ」作りが始まりました。

「理科実験教室」で得た学びを、おばけ屋敷作りに応用する子どもたちのアイデアの柔軟性に驚きました。

おばけの手が飛び出す！

ICTの活用で新しい情報に触れて興味・関心が広がったことが、身近な生活につながることが重要。子どもたちの「やってみたい！」という意欲が実現できる保育環境（素材、道具、場、時間）を用意する。

空気砲を応用して作ったおばけの手

小学生とつながる

　毎年実施している小学校との交流行事が、コロナ禍で実施できなくなってしまいました。そこで、小学5年生のお兄さんお姉さんが、園児のために学校紹介動画を作成してくれました。小学生らしいアイデアを盛り込んだ様々な演出のある映像に、子どもたちの視線は釘付けでした。

　動画を観た後、クラスの集まりで、感じたことや発見したことを話題にする時間をとりました。子どもたちからは、「小学校行ってみたい！」「楽しそう！」など、小学校への憧れや期待からいろいろな感想が出てきました。そこで、「お兄さんお姉さんに伝えてみるのはどうかな」と提案してみました。

　子どもたちはとても張り切って、笑顔やハートの絵を描いたり、折り紙でプレゼントを作ったりして、「ありがとう」の気持ちを込めた製作活動となりました。

　こうして、動画がきっかけとなってコロナ禍でも交流が続いていきました。

ICTで豊かに

クラスで視聴した後、毎日決まった時間に園内の大きなモニターで放映。観たい子どもが何度でも観られる環境にした。モニターは子どもたちが情報を共有するための道具として有用で、タブレットやノートパソコンと接続して様々な情報を提供できる。

学校紹介動画に夢中の子どもたち

活用にあたって……

　ICTを利用して得た情報は、「理科実験教室」の出前授業と同様に、身近に再現できる環境を用意しておけば、子どもの発案によって保育が展開していくことを感じました。

　ICT活用においても、環境構成は大切です。また、モニターを利用して、何度も小学校見学や「理科実験教室」の動画を観ることができるので、興味をもった子どもが何度でも楽しめることも利点としてあげられます。

　授業で得た知識を実際に子どもたち自身で再現してみるという例年のパターンに、私たち保育者もとらわれていたようにも感じました。ICTの活用という新しい試みによって、子どもたちが新しい発見をしていくことを、私たち保育者も学びました。

　また、動画は一方的な発信に終わらない工夫が大切です。双方向のやりとりにつながるように、例えば、発信された動画を園児が視聴→園児の実体験に活かす→実体験の動画を発信→…などとつながっていくように意識したいものです。

学校法人武蔵野東学園 武蔵野東第一幼稚園・武蔵野東第二幼稚園
所在地：東京都武蔵野市
定員：第一幼稚園 210 名／第二幼稚園 315 名

宮前幼稚園・宮前おひさまこども園

コロナ禍での運動会開催に向けて
YouTube を活用した手洗い方法の動画配信

コロナ禍における運動会の開催に向けて、保育者と有志の子どもたちが一緒に対策を考えて準備を進めることになりました。はじめは、子どもたちのアイデアから、「マスクをしてね！」などイラストを描いて周知する準備を進めていました。しかし、ある会話をきっかけに、正しい手洗いの方法を発信する必要性を感じました。そこで、動画を撮影し、YouTube で配信することに！　コロナ禍という未曾有の事態の中、子どもたちが意見を出し合い、協力することで、子どもたちなりの最適解が見出されていきました。

コロナ禍における運動会についての会話から

2020（令和2）年度の運動会は、新型コロナウイルス感染防止のため、分散での実施が決まりました。運動会を楽しみにする子どもと保育者が会話をしていると、Aがやってきて「ママが心配している」と教えてくれました。詳しく理由を聞いてみると、コロナ禍での運動会の実施に不安があるとのことでした。保育者が「どうしたらみんなが安全に参加できるかな？」と子どもたちに尋ねてみると、「マスクをしてきてもらう」「皆が近くに寄らない、手をつながない」「消毒をする」など知っている限りの感染症対策があがりました。

子どもたちが描いた"マスク着用のお願い"

そこで、安心・安全な運動会の開催に向けて、子どもたちが考えた対策を園児全体や保護者に伝えるために、有志の実行委員が活動していくことになりました。はじめは保育者と会話をしていた数人の子どもたちだけでしたが、最終的には13名の年長児（女児12名・男児1名）が集まり、子どもたちと主任保育者が一緒に準備を進めていくことになりました。

実行委員の皆で感染症対策の周知方法を話し合う

✳ 正しい手洗いの方法を伝えるために

実行委員が感染症対策のポスター作りを進めていると、メンバーのYから「うちのパパ、手洗いちゃんとしていないんだよねぇ」という話があがりました。他のメンバーは「えぇ〜それは大変！」と大慌て。「もしかすると、みんな正しい手洗いの方法を知らないかもね」という話題になりました。するとKが、常勤看護師による手洗い講座で教えてもらった、手洗いの10の手順が書かれたポスターを持ってきて、「これを教えてあげなくちゃ！」と提案しました。

✳ 保育者の振り返りの中で

保育後、保育者間で「手洗い方法を教えてあげなくては！」という子どもの気づきについて、どのような周知方法の可能性があるか話し合いました。その中で、本園のYouTubeチャンネルである"みやまえあそびチャンネル"なら、子どもたちが伝えたいことがより的確に伝えられるかもしれない、という意見があがりました。そして、保育

手洗いの手順を知らせる必要性に気づく

者も安心・安全な運動会の開催に向けてともに考える仲間として、翌日の実行委員の話し合いに参加し、YouTube配信のアイデアを提案してみることになりました。

4

伝える・対話する

手洗い紹介動画の撮影

　翌日、「ポスターに描かれた手洗い方法を伝えるには？」をテーマに実行委員の話し合いが行われました。子どもたちから手紙、ポスターなどひと通りの案が出尽くした頃に、保育者から「動画を撮影してYouTubeで配信してみる」ことを提案すると、皆大賛成。実行委員が出演者として、正しい手洗いの方法を紹介することに決まりました。

　さらに、具体的な話し合いが進み、以下の3点を決めました。

・手洗いポスターにある10の手順を、1人1手順担って実演する。
・ナレーター役を設け、司会進行を担当する。
・動画の撮影は主任保育者がタブレットを使って行う。

　撮影方法が決まると、早速リハーサルが始まります。ナレーター役の子が台本を手にしながら進行をリードし、実演担当の子は1つひとつの手の動きに集中しながら手洗いをします。その様子を、保育者がタブレットで動画撮影しました。その後、動画を見ながら改善ポイントを見つけ、数日後に控えた撮影本番を迎えることになりました。

テラスの手洗い場にてリハーサル

ＩＣＴ活用ポイント
リハーサルの様子をタブレットで動画撮影。自分たちの姿を客観的に見て振り返る機会となった。

リハーサルの様子を動画で確認中

独特の緊張感の中、本番撮影

　リハーサルを入念に行っていたこともあり、撮影当日は全パートほぼ一発撮りで撮影が終了。緊張する子もいましたが、周りの友達の励ましを受け、どの子も充実した表情で撮影を楽しんでいたのが印象的でした。

　動画の制作は、運動会までの日数が少なかったため保育者がアプリを使用して編集し、約3分間の手洗い紹介動画が完成しました。

動画を通して皆に伝わる

　運動会前日には、完成した動画を年長児全員の前で披露しました。実行委員が代表で作成したことを伝え、家族皆で動画を見ながら手洗いをしてくるようお願いをしました。動画はYouTubeにて限定配信しました。

　運動会当日は、「動画を見たよ！」「手洗いしてきたよ！」と実行委員の子が友達や保護者から声を掛けられる姿もあり、自分たちの発信内容がしっかりと伝わっていることに満足感と充実感を感じているようでした。

　運動会終了後、YouTubeの視聴回数を調べたところ、手洗い紹介動画は400回以上を記録していました。全園児分の回数が視聴されたことになります。休園期間中の遊び紹介動画の平均再生回数は200回程度でしたので、注目度の高さが表れています。

動画の発信力は強く、多くの子どもたちが動画を見てしっかり手洗いしてきたことを担任に報告していた。

ホールにて動画のお披露目

大きなスクリーンに映し出して視聴

活用にあたって……

　動画の配信後、実行委員のメンバーだった子どもの保護者の言葉が、深く印象に残っています。「子どもはYouTubeに出演したことをとても喜んでいましたが、親としては"コロナ"という大人でも正解がわからない状況の中で、子ども同士が話し合いを通して自分たちなりに最善の方法を見出そうとしていることが何よりも嬉しかったです」。この言葉に、今回の取り組みの価値がすべて詰まっているように感じています。

　誰も正解がわからない状況の中で、子どもたちが最適解を見出すこと。そして、今ある制約の中で今ある技術（ICT）を適切に用いて状況を切り拓いていくこと。今回の取り組みを通して、新たな可能性の扉を開けたように感じています。

学校法人亀ヶ谷学園 宮前幼稚園・宮前おひさまこども園
所在地：神奈川県川崎市
定員：宮前幼稚園386名／宮前おひさまこども園90名

4

伝える・対話する

認定こども園 七松幼稚園

人形劇の動画を作って
遊具の遊び方を伝えよう

本園では、保育活動の中でタブレットを活用しています。このタブレットに写真が人形劇のように仕上がる動画作りのアプリを入れたことから、様々な写真を取り込み、動画作りが始まりました。新しい遊具が入ったことをきっかけに、年長児がこのアプリを使って、年下の子どもたちに遊び方を伝える動画を作りました。動画作りをする過程では、年長児同士が対話を繰り返し、試行錯誤する姿が見られました。できあがった動画を見た子どもたちは、子ども目線で新しい遊具の遊び方について知ることになりました。

コロナ禍前の異年齢保育での園庭の遊び方の伝え合い

新型コロナウイルスが感染拡大する前、遊具が新設されると、年長児がクラスで話し合って約束ごとを決めていました。そして、ひらがなで掲示物を作成したり、視覚的にもわかるように絵を描いたり、信号機を模した物を作ったりして、楽しい遊び方を年下の学年に伝え合っていました。

下の学年に遊び方の掲示を説明する年長児

年少組や年中組のために遊び方動画を作ろう

コロナ禍に入り、園舎内にWi-Fi環境を整備して、タブレットを年長の各クラスに配置しました。そして、ICTを用いた取り組みとして、人形劇のような動画が作れるアプリを導入しました。年長児は遊びの中でタブレットを使い、お互いの姿を写真に撮ったり、風景を撮ったりして、人形劇の動画作りで遊びはじめました。

友達と人形劇の内容を相談

そのような中、園庭に新しい遊具が新設されました。年少児が遊具で遊んでいると、三輪車で遊ぶ子どもとぶつかってしまうという危ない場面がありました。保育者が年長児の子どもと一緒に安全な使い方を確認したところ、年長児から「年少さんにも伝えよう」という声があがりました。

保育者は、クラスの皆で考えるよい機会と捉えて、年少組や翌年4月に入園する子どもに安全な遊具の使い方を伝えるにはどのようにするとよいのかを話し合うことにしました。すると、4月には自分たちは卒園しているので、実際に遊んでいるところを動画にして、4月に見せたらどうかという意見があがりました。子どもたちはこれまでのアプリを使った動画作りの経験を活かして、遊ぶ動きを撮影したり、言葉を入れたり、他の人物を登場させたりして、物語作りを始めました。

撮影した素材を保育者にも相談

基本的な操作は保育者が教えましたが、物語の内容や誰を登場させるか等はすべて子ども同士で相談して決めました。「走っているシーンだから走っているポーズして！」「ここは写真を動かしたほうがわかりやすいよ」「僕が言うから写真を動かして」など、子ども同士で役割を決めたり、場面に合わせた写真を撮影したりしながら、1つの物語を皆で協力して作ろうとする意欲的な様子が見られました。

三輪車で走り回る方法を皆で相談

新しい遊具の登り方を撮影

撮影したものの確認

タブレットですぐに撮影・確認ができ
るので、どのように動けば伝わりやす
いかなどについて子どもたちがその場
で相談し合い、よりよいものを作れる
ように工夫する姿が見られた。

お兄さん、お姉さんが作ってくれた遊び方動画を見よう

　新年度になり、新入園児を迎え入れた子どもたちは、前
年度の年長児が作った遊び方動画を見ることになりました。
興味津々の様子で「年長組のお兄ちゃんが出てる」「走った
ら危ない場所があるって言ってた」「お尻をつけて滑ったら
大丈夫だって」「新しいところ（の遊び方）は、腕を伸ばす
から、うんていの遊び方と一緒だね」と思い思いの気づき
を話していました。

人形劇動画の一コマ

人形劇動画を見ることで、遊ぶ前に実際の動きのイ
メージや危険について気づくことができた。

人形劇動画の内容を説明する保育者

動画で見たように遊具で遊んでみよう

　4月にこの動画を年少・年中の子どもたちに見せると、動画の動きにならって、遊び方を守って遊ぶようになりました。

　保育者が三輪車について「どうやって遊ぶんだっけ？」と質問すると、「ぶつからないように、三輪車はこっちから回ったらいい」「こっちの白線を通ったほうが、滑り台にぶつからないね」など、危険を回避する話が子どもたちの中から出てきました。動画で学んだとおりに友達同士で声を掛け合いながら遊ぶ姿が見られ、保育者が遊び方に対して心配することはありませんでした。

三輪車ルートを確認する子どもたち

声を掛け合いながら遊ぶ子どもたち

4

伝える・対話する

活用にあたって……

　この事例から、子どもたち同士で、考えたことを身体や物で表現する写真撮影、音の入れ方や画面操作など、どのように表現するとよいのか工夫し、見せる相手を意識して試行錯誤する様々な姿が見られました。客観的に自分たちが撮影した動画を見ることによって、相手がわかるもの、喜んでくれるものにしようと工夫し、表現しようとする意欲が引き出され、表現をより豊かにしていることがわかりました。この取り組みは、自ら遊具で遊んだ体験がもととなって、他の子どもが遊具で遊ぶ際に起こる問題の発見・その解決方法を伝える一助となったといえます。

　本法人の理念は「出会いに感謝し、笑顔で『和』を広げる」です。子どもたちの、自ら体験したことを相手に伝えたいという思いを大切にして、作られた動画を子どもたち同士だけでなく、保護者、地域と共有して、「和」を広げる試みを考えていきたいと思います。

【参考文献】
・学校法人七松学園認定こども園七松幼稚園「幼児教育における ICT の活用」文部科学省『令和 3 年度 幼児教育の教育課程に対応した指導方法等充実調査研究』報告書、2022 年
　https://www.mext.go.jp/a_menu/shotou/youchien/1405077_00007.htm
・亀山秀郎「幼児の主体的な学びを促す ICT の活用 -STEM 教育から STEAM 教育を視野にいれた実践 -」『学習情報研究』第 283 号、pp.44-45、学習情報研究センター、2021 年

> **学校法人七松学園 認定こども園 七松幼稚園**
> 所在地：兵庫県尼崎市
> 定員：360 名

4−6

武蔵野東第一幼稚園・武蔵野東第二幼稚園

おじいちゃん・おばあちゃんと
つながる、卒園児とつながる
新たなつながり方が園の中に取りこまれる

本園では毎年、敬老の日におじいちゃん・おばあちゃんを園に招待して、クラスの園児が企画した催しを楽しんでもらっています。また、小学1年生と4年生になった卒園児をそれぞれ園に招待するホームカミングデーを行っています。2020（令和2）年はどちらもコロナ禍で中止となり、2021（令和3）年にはまたもや緊急事態宣言が続いていましたが、2年連続で中止というわけにはいかないと考え、園でも使い慣れてきたICTを活用して、何ができるのか工夫しながら実施しました。

おじいちゃん・おばあちゃんに動画のプレゼントをしよう！

　おじいちゃん・おばあちゃんの来園を楽しみにしていた子どもたち。「コロナ禍でお招きするのは難しいけれど、どうしようか？」と保育者から投げかけられて、動画メッセージを作ることになりました。

　例年通りにおじいちゃん・おばあちゃんに宛てた「ありがとうのおてがみ」（各自ではがきに描いたもの）はそのまま全クラスで実施して、敬老の日に届くように投函しました。

　動画メッセージは、3分程度にまとめることだけを決めて、各クラスで自由に制作することにしました。子どもたち自身で動画編集はできないので、子どものアイデアを活かして保育者が作成し、クラスごとのプライベートアドレスにてYouTube配信することにしました。

＊ 子どものアイデアは様々、保育者のアイデアも様々

　いつもはしっかりしているタイプの子どもに、「おじいちゃん・おばあちゃん宛にメッセージを撮るよ」と話してタブレットを向けると、急にとっても幼い語り口になって保育者がびっくり！　園ではしっかりしていても、普段、おじいさま・おばあさまには甘えているんだなあと、温かい気持ちになりました。

　海外にルーツをもつ子どもは、普段クラスでは話さない母語でメッセージを語り出しました。普段は聞き慣れない言語だったので、とても新鮮でした。子どもの様々な文化的背景に接することができたことや、国を越えておじいさま・おばあさまとのつながりがくっきりと見えたことなど、保育の視野が広がるきっかけともなりました。

　あるクラスでは、「ありがとうのおてがみ」の作成風景を編集して動画にしていました。家庭に届いたはがきを、孫たちがどのような雰囲気の中で、どのような表情で楽しそうに描いたのかをよく見ていただけたことと思います。

　なお、撮影時にはクラスの名札を外すことにしました。クラス限定でのプライベートアドレスとはいえ、配信には個人情報の流出の危険が伴います。顔と名前が一致しないように名前を伏せましたが、そのことで、自分の孫だけでなく、たくさんの子どもの姿に触れていただけたのではないかと思います。

ホームカミングデーに挑戦！

　本園では、小学1年生と小学4年生の2回のタイミングで、卒園児のホームカミングデーを実施しています。例年は園に集まってもらいますが、コロナ禍で園に集まれない状況となってしまいました。卒園児同士をどうつなげるかを保育者たちで考えて、Web会議システムを利用することにしました。

　本園では普段から園の情報発信でアプリを利用しているため、ご家族いずれかのメール

アドレスを教えてもらっています。卒園後も園の情報を届けるために、保護者同意のもとで、データベースにメールアドレスを残してあります。今回のWeb会議システムの取り組みでは、そのメールアドレスに招待を送って周知しました。

＊ ホームカミングデーはICTを活用して実施しても面白い！

　Web会議システムでの開催だったため、海外からも参加してもらうことができました。園での対面実施だと絶対に参加できない遠距離にいる卒園児も、時差の調整をして参加してくれて、話題もワールドワイドなものになりました。

　また、自宅から参加してもらうので、とてもプライベート感のある会になりました。例えば、今夢中になっている本の話題になったときには、子どもがその場で自分の本棚からその本を持ってきて見せてくれました。園での実施ではなかなかできないことだと思います。すぐに紹介でき、実物が共有されたことで、さらに話が盛り上がりました。

　ほかにも、ダンスパフォーマンスに夢中になっている子どもは、その場で、カメラの前でダンスを披露してくれました。対面でみんなが集まっていると、踊るのに勇気が必要ですが、自宅という慣れた場所のため、自己表現しやすかったようです。

海外から参加してくれた卒園児もいて、Web利用でスケールの大きな会に！

Web 会議システムでは、担任が入室管理と進行の二役を担うと負担が大きいため、役割分担をして、担任は卒園児との対応に専念した。園での扱いに慣れてきたら、入室時に画面共有で内容やルールを映し出したり、BGM を流して音声の確認をしてもらったりすると、スムーズな運営につながる。

画面でもわかるようにリアクションは大きく

保育室から Web 会議システムで各クラス、各家庭とつながる

活用にあたって……

　私たちは、行事は園で行うものという考えにとらわれすぎているのかもしれません。もちろん対面での実施ならではのよさもありますが、今回の事例のように、対面ではかなえられないメリットも、ICTを活用することで得られます。

　何のためにどの手段を用いると効果があるのかについて、園全体や保育者がICT活用に挑戦するなかで、様々な選択肢が用意できるのだと思います。

　なお、動画を配信する際には、個人情報が不用意に開示されないか、という点で十分に注意する必要があります。本園では、今回の動画のときには名札を外すようにしましたが、普段の様子を撮影したものを使いたいときなどもあり、徹底できているわけではありません。今後も課題として認識し、様々な知見を得て、工夫していきたいと思います。

学校法人武蔵野東学園 武蔵野東第一幼稚園・武蔵野東第二幼稚園
所在地：東京都武蔵野市
定員：第一幼稚園 210 名／第二幼稚園 315 名

思いや興味・関心が基になる対話

秋田喜代美

「会いたい、知りたい、伝えたい」からの対面とオンラインの組み合わせ

　保育室の物理的空間を超えて、人と人がつながり合うことをICTは可能とします。ただし、対面とオンラインの組み合わせが大事であり、子どもの「会いたい、知りたい、伝えたい」などの思いが根底になければワクワク感は生まれません。この思いがあるからこそ、保育者も保護者も思いがけない気づきの連鎖へと発展するのです。そのとき、保育者が子どもたちの興味に添った展開を支援することが意味をもつことを、各事例は示しています。

　例えば、4-1千代田区立ふじみこども園の事例では、産休後に海外に渡った元担任保育者に会いたい、生まれた赤ちゃんのことを知りたいという思いや、遠くにいる先生とも心を通わせたいという願いがあります。それだけではなく、先生のいるタイへの興味に広がり、タイの国旗や食べ物などいろいろなことを調べてみたいという実際の行動につながり、保護者も巻き込んで、さらにはタイ以外の国にも関心が広がっています。幼児の興味・関心が様々に広がっていくことがわかります。

　4-2ポピンズナーサリースクール馬込の事例では、異なる年齢の学童クラブの小学生との日常的な交流によって、違う年齢だからこそ、質問をして教わったことを受け入れて自分の未来をイメージする力がより具体的になり、将来の夢を初めて認識できるなどの経験が生まれています。少し上の年齢の子どもとの交流が、子どもたちの伸びようとする思いに足場をかけていることがわかります。そして、直感的に「会いたい、すぐ行きたい」という自然な思いが生まれますが、そこからオンラインと物理的距離の違いに気づきます。だからこそ、対面できたときの喜びが生まれます。「オンラインでつながることで、新しい知識の習得や探求を深め、対面で交流することで、物事をゆっくりと丁寧にやり遂げることの大切さや、自分にもできるという自信、一人ではできないことも皆で経験を持ち寄れば必ずできることを知る」と述べられているように、事例が展開する中で、オンラインと対面の2本の糸が編み上げられ、経験が深まっています。

子ども自身が興味・関心から情報を取り込むことで、大人の発想を超える

　デジタル機器を用いたオンラインでのやりとりや動画配信は、コロナ禍でも物理的な空

間を超えることを可能にしました。また同時に、デジタルだからこそ繰り返し再生ができ、自分たちでも撮影・録画して表現ができたりします。

4-3武蔵野東第一幼稚園・武蔵野東第二幼稚園の事例は、コロナ禍だからこそ生まれた幼小連携のアイデアです。対面で行われる理科実験教室ではなく動画配信だったからこそ、子どもが子ども自身のテンポや時間で、理科実験教室で学んだことを自分たちの遊びであるおばけ屋敷作りへ応用することができています。子どものアイデアの柔軟性を見出す大人の視点と機転が、面白い保育を生んでいます。

4-4宮前幼稚園・宮前おひさまこども園のYouTube を活用した手洗い方法の動画配信も、「パパが正しい手洗い方法をしていない、正しい方法を伝えたい」という子どもの思いから、自分たちで動画のコンセプトを創り、動画を作っています。もちろん保育者が技術的に援助することはあっても、子どもだからこそ思いつき、子どもが発信するからこそ、子どもも保護者も皆が関心を寄せる独自の動画が生まれたことがわかります。

伝える相手への意識が、認識を深め、「らしさ」を創り出す

4-5認定こども園七松幼稚園の事例は、新設された遊具の使い方で危ない場面があることに気づいた年長児が「年少さんにも（安全な使い方を）伝えよう」という声を上げたことで、クラスの皆で年少組や新年度に入園する子どもたちに向けて動画を作るという流れが生まれています。実際の動きのイメージや危険について伝えることで、より具体的に安全への理解を深め、大人の説明よりも説得性の高い動画を創り出しています。恐らく口頭で伝えて教えてあげる場合よりも、動画にするからこそ、年少の子に対してどのように伝えたらよいかを、より細かく具体的に考えることにつながったのだと思います。動画だから、もっとわかりやすくするためにこうしたいとか、これでよかったなどの即時のフィードバックを子ども自身が体感しやすいのです。子どもたちから生まれる着想が、「その子」「そのクラス」そして「その園らしさ」の新たな発見や園風土の醸成につながっています。

4-6武蔵野東第一幼稚園・武蔵野東第二幼稚園の、敬老の日におじいちゃん・おばあちゃんとつながることや、ホームカミングデーに卒園児同士がオンラインでつながるというアイデアは、まさに対面だけではできなかったことを創出しています。例年通りの「ありがとうのおてがみ」は大事にしながら、実際に描いたり投函したりする過程が見える化されました。動画メッセージのYouTube配信は、敬老の日と日常の保育をより深くつなげて見えるようにし、これまで参加できなかった遠隔の祖父母も参加でき、祖父母だけでなく保護者の視聴も可能にしています。それはわが子・わが孫だけではなく、園の子どもたちと高齢者をつなぐことを可能にしているともいえます。もちろん、動画配信は、編集など保育者の手がかかることにもなります。楽しみながら無理のない範囲で、できることをできる人がして、クラスを超えて新たな知識やスキルに対して助け合うからこそ、園全体の活性化につながっていく対話が生まれていくともいえます。

column 直接体験の中で「知る」「調べる」「確かめる」楽しさを味わう

日本女子大学家政学部特任教授（前・千代田区立ふじみこども園 園長）　粂原淳子

　本区においては、コロナ禍の中、幼稚園・こども園にも保育者に1人1台ずつタブレット端末が配布され、オンライン会議や研修などが行われるようになりました。知識や技術が追いつかない中で、保育者たちは好奇心やチャレンジ精神で、効果的なICT活用を試みています。

■ 知りたいことや体験していることを撮影して深める―「ハリネズミは夜、本当に元気なの？」
　園で飼いはじめた夜行性のハリネズミが、本当に夜は元気に動いているのか、「どうしても知りたい！」という子どもたちの気持ちを受け止め、保育者が夜にタブレットで撮影しました。映像を見た子どもたちは、餌を食べたり滑車で遊んだりする様子を見て、「かわいい！」「こんなに元気なんだね」と嬉しそうでした。
　子どもたちが興味をもったことや体験していることを撮影し、確かめたり活動を振り返ったりする手がかりとしながら、子どもたちの直接体験を深める活用となるよう工夫しています。

■ 動画を活用して、幅広く知ったり話し合ったりする―東京2020大会を通して
　東京オリンピック・パラリンピック競技大会に関する動画視聴や、パブリックビューイングでの観戦をしました。表彰台やメダルがリサイクルして作られていることや、ユニフォームが被災地で作られていることなどを知りました。また、様々な障害をもつ選手たちが、その人に応じた補装具を活用し、伴走者・コーチなど様々な人々との強い絆・信頼の中で活躍する姿を見ることができました。自分たちも同様に、道具や周囲の人々の手助けがあってできることが広がることも話し合い、障害の有無にかかわらず、工夫したり助け合ったりすることの大切さを学びました。
　子どもたちの興味・関心、理解力を踏まえた質のよい動画の選択や保育者による補足、その後の話し合いなどの工夫が大切だと感じます。

■ 区の教育研究会で学び合う―事例検討や情報交換を通して活用方法を広げていく
　区内の幼稚園教員が学び合う研究会ではICT部会を立ち上げ、子どもたちの直接体験を補完したり、保護者との連携を深めたり、業務負担の軽減を図ったりなど、様々なICT活用の可能性を探っています。互いの実践を自園の実態に応じて取り入れながら、活用の幅を広げています。
　遊びを中心とした生活の中で、一人ひとりの体験や興味・関心に応じて「知る」「調べる」「確かめる」楽しさを味わい、さらに学級全体へと広げるツールとして、ICTの可能性を大いに実感します。動画や情報を見て終わりにするのではなく、その後の話し合いやさらなる体験へとつなげて深い学びへといざなう保育の構想が重要であり、それは個別最適な学びと協働的な学びをつなげていく営みであると考えます。

保護者と園をつなぐ
ICT 活用事例

認定こども園 立花愛の園幼稚園

園と家庭がつながるブログと動画
使い分けのねらいと効果

本園では、園と家庭がつながるために、ブログと動画を使い分けて発信しています。ブログは画像と文章で保育における「保護者が見えない部分」を伝えられます。園での子どもの姿を伝えることで、保護者に興味・関心をもってもらい、子どもと話す機会や子どもが認められるきっかけとなります。動画の発信によって、入園前の子どもは保育者や園に対して親しみを感じられます。また、子どもが園で楽しんでいる手遊びを家庭でも一緒に楽しんでもらう機会にもなり、親子の遊びのモデルとなります。

ブログで子どもの表情を伝えることが保護者の安心感につながる

本園のブログでは、日常の保育場面、様々な活動、園行事などの裏側を発信するようにしています。ブログを書く際は「保護者が見えない部分」を伝えるよう意識しています。入園当初は保護者から「泣いて登園したけれど、どう過ごしているのかな…」「幼稚園で友達とどのように遊んでいるのかな？」等の声が聞かれます。保護者に口頭で子どもの姿を伝えても、不安が晴れないこともあります。しかし、ブログで園での子どもの表情を発信すると、保護者は「園で楽しそうでよかったです」と安心されます。写真のように情報量の多い素材と背景のわかる解説文をブログに載せることで、子どもの実態をより詳しく伝えられます。

「いっただきまーす！」
年少組の初めての給食。
グループの友達と一緒にカレーを食べました。

口頭では伝えきれない保育の出来事・イメージをブログで補うことが、保護者の安心につながる。

ブログがきっかけで頑張りが認められ、成長へとつながる

以前こんな出来事がありました。バス通園をしていた年長児のAくん。4月の登園時、Aくんはバス停で泣いている新入園児に見向きもせず、自分本位に過ごしていました。母親はそのようなAくんの姿に心を痛めていました。ある日、Aくんが年少児の着替えのお世話をしている姿がブログで配信されました。それを見た母親は「ちゃんとお世話ができるのね、そんな優しい気持ちあったんだ！」とAくんに嬉しさを伝え、頑張りを褒めました。

これがきっかけとなり、Aくんはバス停でも他の子どもを気にかけるようになりました。母親はそうしたAくんの変化に喜び、

かばんへのしまい方も
年長組さんは、たくさんある着替えの工程の1つひとつに寄り添って、丁寧に丁寧に教えてくれました＾＾
この活動は最初の1日だけでなく、年長組は今も毎日年少のお部屋に着替えの手伝いに来てくれています
(#^^#)

保育者にも報告しました。その後、Aくんは母親と保育者から認めてもらったことで自信をつけ、積極的に小さい子どもを意識し、思いやりのある行動をとるようになりました。

ブログにより親子の会話が弾み、頑張りが認められたことが、子どもの自信、育ちにつながった。

動画を観ることで先生や園の存在が身近になる

　2020（令和2）年、新型コロナウイルス感染拡大の影響により、園は4月〜6月まで休園しました。休園期間中、新入園児が入園を楽しみに思えるようにと保育者は考え、「職員紹介」「担任紹介」「園庭紹介」「手遊び」「運動遊び」「クイズ」等を撮影して動画で配信しました。

　その後の入園式では、新入園児から「あっ！　前に動画で見た先生や！！」「先生のこと知ってる！」等の反応が見られました。休園期間中に動画を繰り返し観たことで、担任の先生や園が身近な存在になっていたようです。例年の"慣れ保育"では、泣いて保育者に関心を示さない子も多いのですが、この年は保育者に対して抵抗が少なく、進んで関わる姿がありました。また、動画で紹介された手遊びは皆の知る共通の遊びとなっており、すぐに一緒に遊び出すことができ、クラスの居心地のよさにもつながっていました。

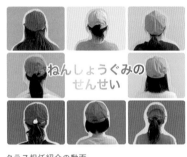
クラス担任紹介の動画

担任の自己紹介の動画

入園前に動画を配信したことが、新入園児の園への期待や新担任への親しみにつながった。

保護者と子どもが一緒に楽しめるための動画を作成

　ある日、未就園2歳児クラスの保護者から「うちの子、数にハマっていて、幼稚園でしている手遊びを覚えて家でもやってくれるんですけど、メロディも歌詞もアヤフヤで、一緒にしてあげたいけど、わからなくて…。だから、手遊びとか、幼稚園でどんなことをしているか知りたいです」との声があがりました。

　そこで保育者は、園でやっている手遊びを動画にしてYouTubeにアップしました。保

護者は動画を観て、家庭で子どもと一緒に手遊びを楽しみました。子どもは保護者と一緒に大好きな手遊びができ、とても喜んでいたそうです。

手遊びを動画配信することで、子ども自身が伝えづらい歌詞やメロディを保護者も理解でき、親子でともに楽しむことができた。

活用にあたって……

　低年齢の子どもは、保護者に園のことをなかなか言葉で伝えきれません。また年長児でも、印象的な出来事は伝えられても、遊びや活動のプロセスを詳細に伝えることは難しいものです。そうしたプロセスの詳細に子どもの成長が宿っているのですが、保護者には十分に伝わっていないこともあります。

　保護者に子どもの成長を実感してもらうには、まずは園での様子に興味・関心をもってもらうことが大切です。そして家庭でも園の話がされるようになると、子どもは保護者に話すことで自分の取り組みを意識化し、振り返ることができます。また、子どもが保護者から認められる機会も生まれます。こうした親子間で紡がれる豊かな経験が、子どもの成長につながると信じています。

　このような親子の経験をサポートできるツールとして、ブログは有効です。保護者が見えない子どもの姿や保育のプロセスを伝えること、保育者がどのような願いをもって保育し、それが子どもの姿とどうつながっているか、丁寧に伝えることを意識しています。

　動画は遊び方を伝えるツールです。保育者の動きや声、雰囲気やメロディなどを伝えるのに有効です。動画は何度も繰り返し、親子で観ることができます。YouTubeの「限定配信」によって、無料で園関係者のみに配信できます。動画の撮影・編集は難しそうに思われますが、スマートフォン1台で手軽に撮影から編集まで行うことができます。特に、若手の保育者は楽しみながら簡単に動画を作成します。若い保育者は動画の企画・撮影・編集を任されることで主体的に取り組む機会をもち、そのことが自信や成長につながります。

学校法人あけぼの学院 認定こども園 立花愛の園幼稚園
所在地：兵庫県尼崎市
定員：548 名

幼保連携型認定こども園 保育の家しょうなん

連絡アプリの活用で
コミュニケーションがよりスムーズに

本園ではスマートフォン対応アプリを取り入れて、保護者の方々に随時、園での保育の記録などの情報を発信しています。これまでの紙での情報発信では見ていただけたかどうかの確認ができないうえに、コストや手間もかかっていました。アプリを使うと、手軽に発信できるだけではなく、園で既読の確認ができてとても便利です。また、保護者の方々にとっては、仕事や家事など多忙な中でもご自身の都合に合わせて情報を活用できる便利さがあります。

日々の保育をお知らせ

　右の写真は、毎月１回発行している園だよ
り「はだかんぼ」です。こうしたお便りはア
プリでの配信とともに、アプリでの閲覧が苦
手な方のために、園の玄関にも数部印刷して
置いています。

　また、日々の保育の様子もアプリで発信し
ています。その日に子どもたちが経験したこ
とをこうした形でお伝えしておくことで、ご
家庭での会話の参考になります。行事の様子

園だより「はだかんぼ」

も発信しており、子どもの様子だけでなく、行事に対する園での取り組み方や考え方など
が伝わります。

　ほかにも、その日の給食とおやつのメニューを毎日必ず発信しています。これまでは園
のロビーにサンプルを示してお迎えのときに確認していただいていましたが、よりタイム
リーにいち早く知ることができ、夕食のメニューを考える際に参考になると好評です。

今日の活動

先日、三つ編みのおしごとをしたときに、「これって、ユニコーンのたてがみみたい✨」
「みんなでユニコーンを作ろう😆」と盛り上がったことから、今日は張子のユニコーン作りをしました。
風船とラップでできた土台に、水のりをつけた和紙を貼り重ねていきました。
重さで傾くのをおとながあの手この手で補強する様子を応援しながら見守ってくれる子どもたちでした😊

　そのあと、どうぶつたちのカーニバルの振りつけや演出を、グループで考えて演じてみました。
先週描いた背景を生かして、見せあいっこして楽しみました。

5 歳児　コスモス組 担当
2021年6月16日 水曜日 午後2:32

5 歳児クラスのある日の保育の様子

アプリで情報発信することで、ご家庭と子どもの園生活の話題がより共有できるようになった。

落とし物のご案内

落とし物は写真とともに発信

左の写真は、園での落とし物の写真です。アプリで写真つきで落とし物の情報を発信することで、即時にお子さんの持ち物かどうかを判断することができて、これまでと比べてもかなり高い確率で持ち主の手にお返しすることができています。

アプリで写真とともに落とし物をお知らせすることで、持ち主に返せることが多くなった。

地震などの緊急連絡

2018（平成30）年6月18日の午前7時58分に発生した大阪北部地震の際も、アプリの情報発信を活用する場面がありました。

本園は午前6時から開園していますので、この時間帯は多くの子どもたちが在園していました。滋賀県大津市でも震度5弱の揺れがありましたので、全園児と職員がすぐに園庭に避難しました。揺れが収まって全員の無事を確認したのちに、園舎等にも被害がなかったことと併せて、保護者の方々に連絡をしました。こうした有事には電話の回線が混み合ってつながらないことがありますが、この連絡ツールはクラウドアプリケーションなのでそうした心配はありません。このときは複数の保護者の方々から「すぐに無事を知らせてもらい安心した」との声をいただきました。

アプリの連絡ツールにより、子どもの安否をすぐに保護者に発信できた。

コロナ禍での動画配信

新型コロナウイルス感染症の感染が拡大した際には、大津市からの登園自粛要請を伝える文書を発信しました。文書も添付して発信することができるので、よりタイムリーな情報をお伝えすることができます。また、本園で使用しているアプリは、写真だけではなく動画も添付することができます。下記の写真はその1コマです。コロナ禍では、園での日々

の保育の様子を、写真だけではなくビデオメッセージとして、お休みしている子どもたち
にも見てもらうことができました。

アプリを活用した動画配信で、コロナ禍で登園しない子どもにも保育を提供できた。

子どもたちへのビデオメッセージ

活用にあたって……

　実際にアプリを運用するにあたっては、子どもの個人情報の保護や倫理的な配慮な
どが求められます。そのため、まずは導入当時の保護者会役員の方々でテスト導入し
ました。そのうえで、すべての機能を利用するのではなく、保育者の負担軽減にも配
慮して、園からの情報発信に限定して導入を開始しています。アプリでは保護者の方々
からメッセージを書き込んでいただくことも可能ですが、そうした声にもれなく応え
ることができるかどうかには不安もあり、園としてどのように対応していくかが今後
の課題です。

社会福祉法人湘南学園 幼保連携型認定こども園 保育の家しょうなん
所在地：滋賀県大津市
定員：115 名

荒尾第一幼稚園

YouTubeで園庭や環境、子どもの育ちを語る
保育を説明する

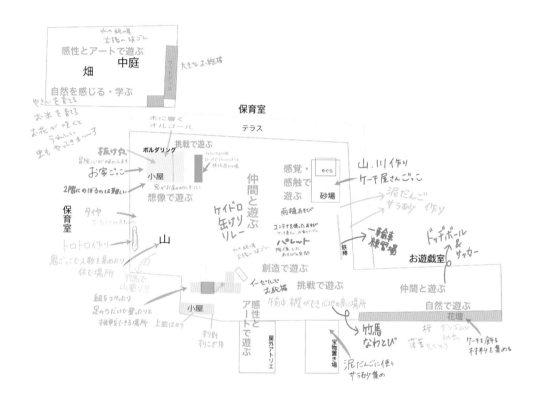

本園ではこれまで、様々な媒体を使って保育を説明してきました。園だより、小冊子、新聞折り込み、ホームページ、Facebook、スマートフォン対応ホームページ…。文字数が少ないほうが好まれる傾向があるなか、どのように保育を説明していくのがよいのか、試行してきました。そして今、YouTubeの配信による説明を積極的に行っています。文章では届けられなかった相手や、伝えられない事柄でも、見てもらうことができる可能性があると感じています。

園庭の遊びを紹介する動画

　本園は園庭の狭い園です。それでも、子どもたちにとって心理的に広いと感じる園庭を目指しています。具体的には、時間を忘れて遊びこめること、ないものは想像で補えること、水や泥が遊びの中で使えること、いろいろな遊びができることなどです。

　これらが子どもの育ちにどう結びついていくのか、「いろいろな遊び」とはどのようなものかを保護者や地域社会に説明することで、狭い園庭でも大丈夫だと思ってもらえると考えました。その手段として、園庭の遊びを紹介する動画を制作することにしました。

＊ 遊びの地図作りと遊びの分類

　まず各担任保育者が、自分のクラスの子どもたちがその場所で行っている遊びを園庭の見取り図に書き込みました。同じ場所、同じ遊びでも、年齢によって違う意味の遊びになることを保育者たちは感じたようでした。

　次に、書き込まれた遊びを全部書き出して分類し、「見出し」をつけました。見出しは、日頃保育者間で使われる言葉をもとに「○○で遊ぶ」という形にしました。その後、書き出した遊びが「幼児期の終わりまでに育ってほしい姿（10の姿）」のどの姿と結びついていくのか、全保育者で検討しました。この工程は、園庭で行われている遊びが「10の姿」とどのように結びついているのか、再確認する園内研修にもなりました。

　1本の動画にすると長時間になることが予想されたので、分類別に作成することにしました。最終的に「自然・感性・アート」「みんなと遊ぶ」「砂と泥と水」「想像と創造」「挑戦的な遊び」の5本にまとめ、ほかに園庭の特徴を解説する「遊具のレイアウト」編を加えました。

　撮影は保育者が実際の場所に行って、「街を歩きながら解説するテレビ番組」のようなスタイルにしました。担当した保育者が台本に相当する原稿を作成しました。わかりやすく説明するために工夫することは、保育者にとって遊びを深く理解する機会になったようでした。

10の姿との結びつきの検討（抜粋）

感覚・感触で遊ぶ
◎土、砂遊び
・水・泥に触れて解放感を味わう
・触れたり、作ったりすることで手の動きが発達する（健康な心と体）
・友達と一緒に作ることで役割分担などが生まれる（協同性）
・友達と一緒に作ることでやりとりが生まれる（言葉による伝え合い）
・好きな形を作ったり、飾り付けをする中で形にこだわったり数えたりする（数量や図形、標識や文字などへの関心・感覚）
◎とろとろ作り
・どこの土がよいのか選んだり、水の量はどれくらいか考える（思考力の芽生え）

✳ 撮影と編集

　撮影はスマートフォンなどでも十分にできますが、周囲の音が入ってしまうので、カメラに外付けワイヤレスマイクを付けて撮影しました。

字幕入りの動画

　編集ソフトを使い、保育者の解説とともに実際の子どもたちが活動している写真や動画を載せると、説得力が格段に上がります。

　また、原稿用に用意したテキストデータがあるので、簡単に字幕を入れることができました。より伝わりやすい動画になるので、時間があるときは字幕を入れるようにしています。

子どもの育ちを語る

　また、保育者が作ったドキュメンテーションや写真を見ながら、園長と保育者が保育の場面を語る動画を作っています。ドキュメンテーションは園に掲示しますが、園に来られない保護者に向けてホームページに掲載することもあります。さらに詳しく動画で語ることで、保護者にとって、子どもから聞いたこととつながりながら、園での出来事がより立体的に伝わることを目指しています。

　ドキュメンテーションや保育場面の写真は、保育者のミーティングで日常的に取り上げて、場面から読み取れることなどの意見交換をしています。そのやりとりが、撮影のリハーサルになっています。

　子どもが映る場合、保護者から承諾を取ります。また、保育室にはロッカーや掲示物に子どもの名前が書かれているので、映らないようにアングルを決めます。カメラに背景をぼかす機能があるので、それを使って掲示物の名前を見えないようにすることもあります。名札が映ったり、シューズの名前が映ったりする場合は、編集ソフトで消すようにしています。保育者の中には顔を出すことに抵抗がある人もいるので、意向を確認し、十分に配慮することを心がけています。

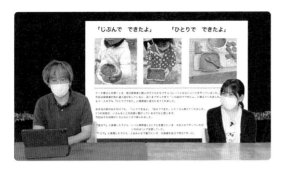

撮影場所の背景にグリーンバックを貼って編集段階で合成すると、背景をドキュメンテーションや子どもの写真にすることができ、わかりやすい映像になる。

＊ 理解が深まる「文字起こし」

保育場面の動画を流す場合、時間があれば子どもたちの言葉を文字に起こして字幕を入れています。視聴者にとってわかりやすくなることはもちろん、保育者にとってもその場面の理解が深まり、しばしば新しい気づきに出会います。

ドキュメンテーションや保育場面の写真を見ながら語る

活用にあたって……

動画を1本制作することは、何らかの園内研修とつながるように思います。視聴者にわかりやすく伝えるために、学び直しが必要になります。保育を語る動画では、他の保育者の新しい気づきに触れることができます。

「よい保育ができた」と思っても、発信しなければ保護者には伝わりません。また、まだ出会う前の子どもの幸せにつながるという意味でも、広報活動は大切です。

YouTubeで「保育の説明」を配信するようになって感じたことがあります。それは、「YouTubeは公平」ということです。よい保育ができたと思って動画にまとめると、全国の誰かに届き、YouTubeの登録者数がわずかながらも増えてくるのです。小規模の幼稚園としては、在園児数よりはるかに多い登録者数に不思議な感じがしています。保育を知ってもらうため、また保育者自身の学び直しとして、動画配信を続けていきたいと考えています。

学校法人岡崎学園 荒尾第一幼稚園
所在地：熊本県荒尾市
定員：110名

▶荒尾第一幼稚園 YouTube チャンネル
https://www.youtube.com/c/kazenokao

育ちを支える「パートナー」であるために

宮田まり子

　本章のテーマは、「保護者と園をつなぐ」ことです。子どもの豊かな育ちを支えるための園運営において、保護者と園が、子どもをともに育てる「パートナー」としての関係を築くことは必要不可欠です。ICTはその関係を築くために有効な道具の１つになりますが、他のツール同様、不適切な扱いがあれば問題発生の要因になる可能性もありますので、使用にあたり工夫や配慮を考えることは重要です。

　保護者との関係構築において、ICTはどのように活かせるのか、必要な工夫や配慮とは何か、本章での事例からそのヒントやコツを見つけてみたいと思います。

関係を築く上でのICT活用のメリット

　園が保護者との関係を築く上で、ICTの活用にはどのようなメリットがあるのでしょうか。1認定こども園立花愛の園幼稚園では、ブログでの写真の使用が紹介されており、その際、写真が共有できることのメリットとして「情報量」の多さが挙げられています。たしかに写真や動画は、送れる情報は画面の枠の中に限られるとはいえ、そこに映し出されたものをすべて共有することができます。書き手が意味づけて切り取った場面の一部分が、さらに書き手によって選び取られた言葉で表された文字記録などよりも、遥かに多くの情報を共有することができます。加えて、事例では「背景のわかる解説文」もブログに載せられており、これにより保育の専門家ならではの視点も加えられています。写真や動画と文字を組み合わせるといったことは、3荒尾第一幼稚園でも行われており、「保育者にとってもその場面の理解が深まり、しばしば新しい気づきに出会う」とそのメリットが述べられています。そして、1立花愛の園幼稚園では、「裏側を発信する」とか「『保護者から見えない部分』を伝えるよう意識」していることも述べられていました。ICT活用の目的を明確にし、普段のやりとりの補完に留まらないよう留意することが、ICTのメリットをより助長し、関係構築を促進させることを、この事例は示してくれています。

　また、2幼保連携型認定こども園保育の家しょうなんでは、ICTのメリットとして「よりタイムリーにいち早く」が実現できるとして、いくつかの取り組みが紹介されています。地震などの緊急時における活用のほか、給食やおやつのメニューなど、ICTを利用することで、保護者が知りたいタイミングに応じられることのメリットが述べられています。園

と保護者を、子どもをともに育てるパートナーと認識しているからこそ考えられた、ICTの活用方法であるといえるのではないでしょうか。

関係を築くための ICT 活用における工夫と配慮

上述のように、ICT活用には、保護者と園をつなぐためのメリットがあります。しかし、そのメリットが生まれるためには、活用における工夫と配慮がなければなりません。また、もし扱いが不適切であった場合、ICTを活用したことにより保護者と園との関係に問題が発生する可能性もあります。本章の事例においても、ICT活用による効果を高めるために、いくつかの工夫や配慮がなされていることがわかります。

例えば 2 幼保連携型認定こども園保育の家しょうなんでは、「テスト導入」という工夫がなされていました。そして、「そのうえで、すべての機能を利用するのではなく」、「保育者の負担軽減にも配慮して」導入されています。保護者と保育者という両方のユーザーに対する配慮がなされています。

また、 3 荒尾第一幼稚園では、ICT活用によって懸念されることのために単純に利用をあきらめてしまうのではなく、様々なICT機器やアプリの機能を探り、ICTを活用した発展的展開の可能性に向き合われています。例えば動画に子どもが映る場合、保護者からの承諾後、名前が映らないようなアングルにしたり、背景をぼかす機能を用いて掲示物の名前を見えなくしたりするなどの工夫がなされています。テレビ番組などの優れた作品から学んだり、プロンプターや編集ソフトを用いたりするなどの工夫で、「わかりやすく」ということに努められています。機器への試行錯誤が充分に行われています。

園における保護者との連絡用ツールとしてのICTの利用率は、近年の新型コロナウィルス感染症への対応において飛躍的に高まりました。ただしこの場合、コロナ禍以前になされてきた対面での面談や、紙などを介しての直接的なやりとりに代わるものとしての利用も多くあったように思います。

そうした代替としての活用も重要ですが、本章の事例では、そのような代替としての活用を超えて日々の保育のよさを引き出すツールとしても認識されているなど、園と保護者の関係を支えるために活用できる、持続可能なツールの１つとしての可能性が示されています。それは様々なICT機器の可能性を探り、工夫や配慮のもとで、その強みを活かした利用がなされたことからもたらされています。本章の事例は、ICTが単なる他の物の代替や補完をするための物ではないことを示してくれています。

column

今あるICT機材と通信回線を利用して、できることを考える

学校法人武蔵野東学園 武蔵野東第一幼稚園・武蔵野東第二幼稚園 園長　加藤篤彦

　小中学校では、1人1台の端末と通信ネットワークを一体的に整備して、児童の資質・能力を育成する教育環境の実現に向けた「GIGAスクール構想」が進んでいます。幼稚園は対象外ではあるものの、小学校への接続期にある幼稚園としてICTとの関わりを意識するようになりました。また、各家庭においてもWeb環境や端末の利用はすでに身近になっています。このようなことから、園環境におけるICTとの関わりはいかにあるべきかを園としても課題と捉えていました。

　そのような折に、新型コロナウイルス感染症が急激に広がることとなりました。三密回避のために園の保育実践をどう見直すのか、来園できなくなった家庭との連携はどう育むことができるのか。また、感染するとハイリスクな家族のいる子どもは登園できなくなりましたから、その子どもにクラスのみんなとどのようなつながりをもてるのかなどの課題が次々と生まれました。

　本園では業務支援のためにパソコンを導入しており、ネットワーク環境は当初から整備されてはいましたが、保育実践としての利用や、保護者との連携における利用は、当初から想定しておらず、機器も通信環境も十分とはいえない状況でした。とはいうものの、コロナ禍が長期化するなかで、子どもたちと保護者のためにやれることはとにかく進めなければならないと考え、園内で保育者と相談し合いながら取り組みを始めました。

　行事は三密回避で従来のことができなくなったうえに、保護者には、参加することも見てもらうこともできない状況でした。そこで、園の様子を感じ取りにくくなった保護者の心配が軽減できるように、コロナ禍でも前向きに園での行事を楽しむ子どもの姿を配信することにしました。

　とはいえ、光ファイバーを利用した十分な余裕をもった通信回線は数か月待ちという状況でしたので、現在ある回線の範囲で何ができるのかを考えることからのスタートでした。

　具体的な取り組みでは、園内にWi-Fi環境がなかったので、配信の際には有線接続をするため保育現場に教員業務用のパソコンを運び、長いLANケーブルを購入して職員室から接続しました。また、保育実践の動画を撮影するために、会議用の簡易なWebカメラを利用しました。またYouTubeのプライベートアドレスを利用したリアルタイム配信を想定しており、動画を編集する機材も技術もなかったため、画用紙に子どもたちが何の取り組みをしているのかをマジックで書いて用意をしておき、場面場面でそのフリップをカメラの前に置いて映し出すようにしました。それでも回線に影響が出ないように、音声のない映像だけの配信を実施しました。

　園として初めてのライブ動画配信は、デジタルな取り組みのようで、実際はアナログを駆使したようなものでしたが、この背景も含めて保護者にお伝えしたところ、手作り感が満載の配信はとても好評でした。

　ICTを活用した取り組みというと、すべてがそろって洗練された取り組みのようにイメージしがちですが、必要感を背景にして、今できることを考えて実行することなのだと思います。

第 4 章

園と地域の輪を広げる
連携ツールとしての
ICT 活用事例

新潟大学附属幼稚園

ICT で「遊びのとびら」を開き、語り合おう
オンラインで垣根を越え、つながり合う研修

コロナ禍での模索により、ICT の活用で従来の公開保育等では得られない学びの場を作り
上げてきました。それが『遊びのとびら 長岡市・三条市・新潟大学合同研修会 with Cedep（※
東京大学大学院教育学研究科附属発達保育実践政策学センター）ONE TEAM』と名づけた
年3回の往還型研修会です。勤務園にいながらにして保育の質の向上を求め、保育者の力
を結びつける場になっています。子どもが遊ぶ姿の動画によって気づきを語り、振り返り、
画面を通して学び合うことで、新しい手応えを感じています。

第1回遊びのとびら─ICTで「とびら」を開けて集まろう

合同研修会「遊びのとびら」は年に3回実施しています。研修で学んだことを自園に還元し、その成果を次の研修会に持ち寄る往還型の研修会です。1グループ6〜8名で、3回とも同じメンバーが継続して参加します。

合同研修会「遊びのとびら」	自園での実践
第1回「遊びのとびら」（6月17日） ：子ども理解研修への「わくわく感」の創出	・自園での保育実践 ・第1回「遊びのとびら」の学びや保育実践の園職員への還元
第2回「遊びのとびら」（11月4日） ：保育を探求する楽しさの醸成	・自園での保育実践 ・第2回「遊びのとびら」の学びや保育実践の園職員への還元
第3回「遊びのとびら」（2月3日） ：学び（成長）の自覚化の促進	・自園での保育実践
今年度の研修成果のまとめへ	

研修会のイメージ図

＊ 事前に遊びの動画を視聴─細やかに子どもを見る

研修の前に参加者全員が各年齢の動画を視聴し、「心が動いた子どもの姿」を写真やスクリーンショットに撮り、記録シートを作成します。

> 子どもがいきいきと遊んでいる様子を撮影して6分程度に編集し、YouTubeで参加者に限定公開。前もって子どもの育ちの視点から動画を視聴し、記録することで、研修に向かう心構えをつくる。

事前の保育動画視聴記録用紙

＊ グループで子どもの姿を語り合う

研修では、記録シートを見せながら、参加者の心が動いた子どもの姿を共有します。子どもの視線やつぶやき、友達との関わりなどから、各自の視点で子どもの育ちを語ります。多様な視点からの子どもの見取りを交流する中で、子どもの思いが鮮明に見えてきます。

このような話し合いを通して、「目指す保育のキャッチフレーズ」を決めました。そして、それを実現するためのアイデアを出し合いました。

オンラインでのグループトーク

✳ 複数の指導者から学ぶ

　グループトークの後、指導者の先生方から
話し合いの様子を価値づけていただいたり、
事前動画の見取りを話していただいたりしま
した。これらが保育のヒントや子どもを見取
る視点になり、子ども理解をさらに深めるこ
とにつながりました。

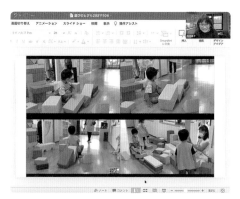
Cedep 浅井幸子先生からのご指導

✳ 園での実践―「とびら」の学びを自園へ

　「遊びのとびら」での学びを自園へ持ち帰り、日々の保育や園内研修などに活かします。
その実践をアンケートフォームに入力し、次回の遊びのとびらで共有します。アンケート
では「保育動画による子ども理解の研修を行ってみました」「学年ごとにキャッチフレー
ズを決めて保育を行ってみました」「子どもの目線に立って、子どものやりたいことを見
取る援助を話し合いました」「他の保育者と保育の動画を撮り合って、お互いの保育を振
り返りました」など様々な実践が寄せられました。

第２回遊びのとびら―実践を持ち寄り次の「とびら」へ

自身の園での実践を紹介

　第２回の「遊びのとびら」では、目指す保育のキャッ
チフレーズの視点から、自園での実践や遊びの動画を
用いた自分の気づきや学びを共有しました。発表し合
う中で、子どもの「やりたい」の先にあるものを捉え
ることや、子どもの経験・育ちを見取り続けることの
大切さなど、自分たちが目指す保育について再確認し
ました。そして、そこにより迫るアイデアを出し合い、自園での実践につなげます。
　キャッチフレーズという同じ価値観の視点で語ることで、異なる場面でも子どもの姿を
理解し共有し合うことができ、参加者自身が語り合う価値や楽しさを感じていました。

第3回遊びのとびら―「遊びのとびら」を自園で開こう

第3回目では、取り組んできた実践を語り合い、実践を通して見えてきた子どもの変容や遊びの様子を振り返りました。研修を通しての自身の変容を語ることで、成長の自覚化を図ります。

その中で、参加者は「子どもを真ん中におく」という自身の保育の核となるものに気づきました。

自分の保育を語れるようになりましたね。

子どもの変容を捉えていきたいですね。

第3回「遊びのとびら」の方向性を教育委員会と検討

＜主催者の声＞

距離的な制約や移動の負担もないため、施設間を越えて広域的に学びを広げられます。様々な子どもの見取りを聞く中で、多様な視点での子ども理解を学べる研修となっています。
（長岡市教育委員会）

保育者が複数参加する園では、自園でお互いのグループの内容を共有したり、研修での学びを園の研修に活かしたりしていて、研修に参加していない保育者も学べる研修となっています。
（三条市教育委員会）

活用にあたって……

本研修では、「つながりたい」「語りたい」という保育者の熱い思いを毎回感じます。なかなか園外に出られない保育者に対して、オンライン研修会はそのような思いの実現を可能にします。しかし、より充実した研修にするためには、工夫が必要です。

> 工夫①　事前に課題に対する考えをもち、共通の土台で語り合えるようにする。
> 工夫②　写真や成果物を見せ合ったり、ボードに意見を記録して、可視化する。
> 工夫③　研修で学んだことを自分化する時間をとる。
> 工夫④　園に還元するために、研修後も動画を配信する。

このような工夫によって、「遊びのとびら」が地域の学びのプラットフォームになってきています。長岡市・三条市・新潟大学・Cedepで始めた研修会が、中越地区、新潟県内へと参加者が広がってきました。さらにニーズに合わせた工夫をし、「遊びのとびら」を様々な垣根を越えた語り合い、学び合いの場に育てていきたいです。

> **新潟大学附属幼稚園**
> 所在地：新潟県長岡市
> 定員：90名

認定向山こども園

コロナ禍から生まれたオンライン公開保育
オンラインだからこそ見えてきたこと

県外からも多数の方にご来園いただいていた対面での公開保育が、コロナ禍によりできなくなりました。しかし、保育の質向上のためには、他園や養成校の先生方との対話が必要不可欠だと感じました。そこで、テレビ電話会議システムを使用したオンライン公開保育を行い、対話を通して自分たちの保育を振り返り、考察する機会を作りました。自園にいると当たり前のことが、当たり前ではなかったり、いつもは見えない子どもの姿を見て考えることができたり…と、オンラインならではの保育の振り返りもできました。

まずはやってみよう！

　公開保育ができない１年を過ごし、多様な考え方に触れられないことの危うさを感じた私たちは、まずはやってみよう！と、東洋大学の高橋健介先生の協力のもと、完全な見切り発車で、オンライン公開保育を行いました。当時は、機材も豊富に揃っているわけではなく、カメラ３台とスイッチャー、スマートフォンやマイクと、機材をかき集め行いました。できるかを考えると不安要素ばかりが先行しましたが、挑戦することで、必要な技術を学んでいきました。

配信用のパソコンとカメラに付けるマイク

　対面と違い、視点が１つしかないオンライン公開保育。どの保育者にも研修の機会を用意するためには、回数を多くするしかありません。そこで、ほぼ毎月、公開保育を実施しようと開始しました。次第に機材も増強し、より丁寧に遊びを追うことができるようになりました。

今日は何の日だっけ？

　公開保育ではカンファレンスも公開し、さらに、チャットで様々な質問をいただき回答をしていきます。対面の公開保育よりも、ストレートな質問を多くいただけるのも、オンラインならではのよさです。

　その中で、「季節の行事などについて、どのように考えていますか？」との質問がありました。私たちは、園行事のことについて思いを巡らせ

カンファレンスの様子

ていましたが、ふと、この日が７月７日、つまり七夕であることに気がつきました。園ではあまり重視していなかった季節の行事。しかし、意図的に行わなかったのではなく、意識にも上っていなかったことは反省しました。まず保育者が季節の行事を知った上で行うかどうかの選択をしようと、保育を見直すきっかけになりました。

> 文字のチャットだからこそ、参加者は率直な意見や疑問をぶつけることができ、真の対話が起こる。

90人で見守った、子どもの葛藤

　対面の公開保育では、大勢の大人が保育の場に押し寄せるので、どうしても子どもの様子は変化してしまいます。しかし、オンラインではカメラが数台入るだけ。この日、年長の女児が遊びから抜けるかどうか？ということで葛藤する場面がありました。90人の幼児教育関係者が見守る中、子どもたちは思いきり気持ちをぶつけ合いました。

　保育後、関わった保育者も含め、この女児にとってこの日がどのような日だったのか、議論は白熱しました。

保育者と一緒に気持ちを言葉にする

> **ICTで集めた！**
> オンラインは、同じものを見ることができることがメリット。共有しているからこそ議論が深まった。

僕って遊べているのかな？

　自分の保育を見ることができないのが保育の難点。対面での公開保育では、指摘はあっても、実際に見ることはできません。しかし、オンラインだとアーカイブで自分の姿を振り返ることができます。

　ある回を担当した保育者は、実はこの時期、「自分は子どもの目線になって楽しく遊ぶことができているのだろうか？」と少し悩んで

子どもと同じ目線ではしゃぐ保育者

いました。ところが、アーカイブに映っていたのは、子どもと一緒になって遊ぶ自分の姿と、それを肯定する解説でした。自分がどのように見えているのかを客観視できることで、保育に自信がもてたとのことです。

> **ICTで集めた！**
> アーカイブが残ると、自分の保育について何をどのように話されたのかを振り返ることができ、学びを深められる。

自園のスタッフを客観視することで…

　ある回は夕方の公開保育。担当者は夕方の保育専属の4名と、サポートのパート保育者が2名。夕方の保育を統括している保育者が中継の撮影スタッフとなり、客観的に保育を見てみることに。すると、一人ひとりの保育者と子どもたちの関わりをじっくり見ることができました。

　そして、コーディネーターの高橋先生との対話の中で、様々な保育者がいることで、自分たちの理想である、子どもがそれぞれの意志でありのまま生活する、地域に帰ったときのような雰囲気の保育に近づいていることをしみじみと感じたようです。外に開いているはずの公開保育ですが、実はミドルリーダーが保育者を客観視できるよい機会となっていました。

撮影を通してじっくり保育を見られるため、各保育者の努力を間近で肯定的に見るきっかけになった。

たき火をする保育者と子ども

クッキングを見る子どもたち

活用にあたって……

　公開保育の利点は、ピアレビューともいわれる仲間同士での評価だと考えています。しかし、人流を抑制しなければならないコロナ禍において、多くの人を全国からお招きするわけにもいかず、やむを得ず始めたオンライン公開保育。ところが、同じ場面を参加者とリアルタイムで見て、チャットで来る質問に答え、さらに、カンファレンスも共有できるのは、オンラインならではのメリットでした。子ども理解のために、保育者が保育を振り返り、さらに他者からの様々な評価を知るというのは、まさに公開保育で行いたかったことそのものでした。

　参加者が一人ひとりの視点で保育を見て、活発に議論し、出された意見や質問を自園の保育者にぶつけ対話を深める対面のよさと、参加者が共通のものを見ることができ、保育の場に大人が溢れかえらないオンラインのよさをどのように活かしていくのか、さらに模索をしていきたいと思っています。

学校法人仙台こひつじ学園　認定向山こども園
所在地：宮城県仙台市
定員：252名

和泉市立南松尾はつが野学園

ICT を活用した「対話」から
「つながる学園　つなげる学園」を創る

　１年生から９年生（中学３年生）が一緒に通う本学園のテーマは、「つながる学園　つなげる学園」です。開校以来入学式では、新７年生（中学１年生）が新１年生の手をつなぎながら入場し、学園の学びをスタートさせてきました。しかし、コロナ禍において、手を取り合って入場するといった光景を見ることは難しくなってしまいました。今まで９年生が楽しみにしていた、園児たちとの交流の場である保育実習までも…。そこで、新たにつながる手段として ICT を活用し、「つながる学園　つなげる学園」に挑戦しました。

ICTを活用して校区の園との「つながり」を創る

　本学園の校区には、認定こども園と保育園が１園ずつあります。両園から毎年卒園生の約1/4の園児が本学園へ入学してきます。本校にとって校区内の２園とのつながりはとても大切です。しかし、近隣とはいえ、園長３人が集まって交流会をもつことがなかなか難しく、時間調整が課題でした。

　そこで2020（令和２）年度から、無理せず「３園のつながり」を創ることを目的として、ICTを取り入れたオンライン園長交流会を始めました。オンラインなら移動時間も必要なく、園内で急な対応にも備えながら会議ができます。また、急な日程変更はやむを得ないとして、まずは、お互い気軽に無理なく参加できる交流会を目指しました。

　最初は、園長３人ともオンラインに関する機器はさほど詳しくなかったので、きちんとつながるか不安がありましたが、パソコンを通してお互いの顔を見合えるとほっとし、自然と情報交換が始まりました。各園での子どもたちや保護者の様子や、現在行われているコロナ対策情報、今後の行事予定、最近面白かった取り組み、これから挑戦しようと思っていること等々、とにかく本音で語り合いました。そのような交流会を続けているうちに自然と、子どもたち同士や保護者、地域の方々とどのようにすれば３園でつながりをもつことができるかという話し合いになっていきました。

　そこから実現した交流の１つが、例年９年生（中学３年生）が２園へ訪問し実施していた保育実習を、コロナ禍においてもオンラインを活用して開催するというものでした。実現に向けて、認定こども園、保育園では大きなモニターを準備したり、９年生の生徒はオンライン操作を何度も練習・確認したりと、今までと違う準備が必要でした。保育実習当日には、９年生が４グループに分かれ、５歳児の２クラスに「体育館の皆さん、聞こえますか？」「ホールの皆さん、見えますか？」と語りかけ、クイズや紙芝居、絵本の読み聞かせ、折り紙教室などで園児と交流しました。終わった後の９年生の生徒たちの満足そうな顔と園児の嬉しそうな表情を見て、本当にやってよかったと思えたオンライン保育実習となりました。

９年生が園児に紙芝居を見せる

　折り紙教室で折り方がわからなくなった園児から「そのとがった所はどうやったらできるの？」という質問が。準備した台本通りに説明をしていた９年生が思わず「あんな〜。ここわかるかな？…」と自分の言葉で応じて台本にない園児との対話がスタートし、お互いの距離が近づいた。オンラインでも対話を深めることが可能であると感じた瞬間だった。

９年生が園児に折り紙の折り方を伝える

141

ICT を活用して日常の疑問から「つなげる」

　毎年本学園の３年生は、「花いっぱいプロジェクト」と題し、日頃お世話になっている方々へ感謝の気持ちを伝えようと、花を栽培し、近隣の認定こども園や保育園、公民館、駐在所などに毎年贈っています。

　2020（令和２）年度末のある日、オンライン園長交流会中に、認定こども園の園長先生が「この前いただいたお花を、子どもたちは毎日一生懸命水やりをし、花が咲くのを楽しみにしているのですが、子どもたちから『園長先生、これは草なの？　それとも花が咲くのかな？』と質問がありました。いったいこれは草なのでしょうか。草なら子どもたちは抜かなければ、と言っているのですが…」と写真を見せてくれました。早速３年生の先生に相談すると、担任の先生はその写真を３年生たちに見せながら「こども園から質問があったよ。どうする？」と投げかけてくれました。すると、休み時間に友達同士で「これって草と違う？」と主体的な調べ学習があちらこちらで始まり、その結果を３年生の代表の子がオンラインで認定こども園に伝えることになりました。

　「それは草ではありませんよ。キンセンカという花がもうすぐ咲くと思います。こんなきれいな花ですよ」と３年生が回答すると、思わず「おお〜」と園児の驚きの声があがりました。また、３月の出来事だったので、これから小学校に入学することへの不安からか、園児から「小学校ではおやつの時間はありますか？」「どんな勉強をしますか？」「その勉強は難しいですか？」と、次々に急な質問も出てきて、その場で３年生が思っていることを回答するといった場面もありました。

　こういった日常の疑問からの「つながり」の先には、子どもたちの主体的な「探究の学び」や、自然な「対話」が生まれてくるようです。きっかけは、オンライン園長交流会で、園児の質問を園長先生が回答せずに、３年生の子どもたちにつないでくれたことです。

３年生が園児たちの質問にオンラインで回答

オンライン園長交流会で出た「この前、子どもたちが…」という何気ない子どもたちの疑問から、気軽に写真を送信し、園児と３年生をつなげられたことで、３年生の子どもたちの「探究」が始まり、園児たちへのオンラインでの回答につながっていった。ICT をうまく活用すれば、疑問を通じて「対話」はもっともっと広がると感じた。

オンライン園長交流会の様子①

オンライン園長交流会の様子②

オンライン保幼小連携研修「つながり」を創る

　2021（令和3）年度、本学園に新1年生を送り出したすべての園に声をかけ、オンラインの保幼小連携研修を実施しました。14園から20名以上の参加があり、入学して1か月後の子どもたちの授業の様子をオンラインで参観してもらいました。1年生は3学級あり、1学級15分ずつの配信でたった一人の卒園児を見つけた保育者からは「見つけられるか不安でしたが、落ち着いて授業を受けている姿を見て安心しました」という声も…。

　参観後の研修会では、1年生の学年主任が、入学後の子どもたちが取り組んだスタートカリキュラムや入学してからの子どもたちの様子について話した後、保育者と意見交換をしました。子どもたちと保護者と何年も密接に関わってきた保育者のお話には、本当にたくさんの学びが詰まっていました。後日、参加者から「卒園児の頑張る姿を見て安心しました」「日頃、近隣の園と交流する機会がないので、たくさんの保育者の方と交流できて嬉しかったです」「学校の授業を見る機会がほとんどないので貴重な研修でした」「スタートカリキュラムの様子を見て、幼稚園でやったことが役立っていると感じて嬉しかったです。これからも頑張ろうと思いました」といったたくさんのメールをいただきました。

コロナ禍でなければ直接参観してもらう研修を予定していたが、かえってオンラインの方が普段の子どもたちの様子を見てもらえるというメリットも。参加者にとっても、ちょっとした時間があれば気軽にパソコン越しに参観できるため、直接の研修よりも参加しやすいという声が聞かれた。

オンラインで保育者たちと意見交換

活用にあたって……

　「ICTはつながるための道具であり、距離を縮めるためには対話が必要である」ということを改めて実感しています。オンライン保育実習では、「どうやったらそんな形に折れるの？」という疑問から一気にICTを活用したつながりが双方向となり、園児と生徒の距離を縮めました。保幼小連携研修では、オンライン参観で保育者と卒園児がつながり、その後、情報交換の「対話」により保育者と1年生担任との距離がぐっと縮まりました。今後も、「対話」までつなげきるために、ICTを道具として活用し続けていきたいと思います。

和泉市立南松尾はつが野学園
所在地：大阪府和泉市

静岡市子ども未来局 こども園課

保育者の学びをつなげる、広げる

公開保育・園内研修におけるオンライン活用の試み

静岡市子ども未来局こども園課は、静岡市立こども園56園と待機児童園3園を所管しています。こども園の中から毎年2園ずつ『研修指定園』を指定し、2か年で5回の参観者と外部講師を招いた公開保育を実施し、その成果を研究発表会として他園や小中学校に公開しています。公開保育と研究発表会への参加は、こども園として教育・保育を行う上で重要です。『こども園としての保育』と『保育の質向上』を目指し、継続的な研修体制の維持とより多くの保育者の学ぶ機会を保障するために、オンライン研修を始めました。

園外公開保育の可能性を見る──撮影者の主観を踏まえて

地域資源や地域環境の活用をテーマにした園の公開保育は、園のすぐ横の河川敷で行われました。園の担当指導主事2人が2台のタブレット端末で保育の様子を撮影し、遠方の外部講師と園内の参観者にオンラインで配信しました。

園外での保育は、園庭や保育室での保育よりも参観の視点が広範囲にわたります。映像には撮影者の主観が反映されますが、撮影者が公開園の意図を汲んで撮影することで、漠然とした主観とは異なる視点となり、この視点が参観者の事後協議や外部講師の指導講評に反映されます。

一緒に川の中に入って撮影

オンライン配信により「子どもたちの日常の遊び場である川での保育を参観してほしい」という保育者の思いが実現した。撮影者が子どもたちとともに水の中に入ることで、子どもたちの姿を間近で見ることが可能に。

分科会会場と園をつなぐオンライン研修

各園の園内研修においても、こども園課がオンライン研修の後押しをしています。

参観者が30名を超えると、園内研修の規模としては大きいものではないでしょうか。ある園では、園内研修の事後研修会場として近隣に別会場を確保しました。

幼児クラスの3学年それぞれの事後研修会場をつなぐことで、各学年の事後研修内容と外部講師の指導講評を共有することができました。また、事後研修時間を子どもたちの午睡時間に設定することが多く、研修時の音声への配慮にもつながりました。そして、オンラインで視聴できることで、研修に参加できる保育者を増やすことが可能になりました。

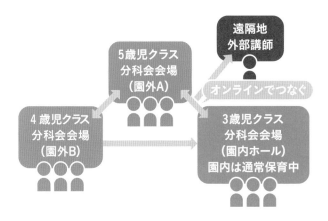

各学年の分科会会場をつなぐことで、それぞれの協議に集中しつつも、それぞれの成果を共有できた。

"普段と変わらぬ保育者と子どもたちの姿" が垣間見られる公開保育

　参観者がオンラインで公開保育を視聴することで、公開する保育者は「（人がいないことで）ほっとした」という側面があり、子どもたちも普段と変わらぬ日常の遊びを展開しました。撮影者は、日頃から園に出入りをしている担当指導主事です。また、オンラインだと時間をとりやすいため、近隣小学校からの参観が叶いました。

ICTで豊かに

オンライン公開保育にしたことで普段通りの遊びが展開され、子どもたちや保育者の気負うことのない姿が見られた。

公開保育の撮影中

事後研修会場の風景

異種校のオンライン授業参観—初任者研修における小学校参観を例として

　本市では毎年60名程度の保育教諭の新規採用があります。初任者研修として、保幼小の接続の視点、幼児教育以降の学びを知るために、小学校の授業参観を位置づけています。オンライン公開は子どもたちと教員の負担感が軽減されることもあり、参観依頼の交渉はしやすいものとなります。

　オンライン参観においては、撮影者であるこども園課の指導主事の主観が入り込むことが前提になります。撮影者によって子どもたちのつぶやきやわずかな動きを捉えるタブレットでの撮影と、クラス全体の様子を捉える固定カメラでの撮影の2つの画面を、授業の指導助言をする静岡市教育センターの指導主事と60名の新規採用者が同時に視聴します。

　撮影者の主観が入った映像を共通項とすることで、事後協議の視点が共有され、指導主事の助言も理解しやすくなります。普段は目にすることが少ない異種校の貴重な参観を、視点をそろえて共有すると、より深い学びにつながります。

オンラインでつなぐ

音声は研修会場にのみ届く

ICTで豊かに

パソコンのカメラを使用する際、子どもたちが映されていることを意識せず授業が進むように、パソコンの画面を隠して撮影。イヤホンをつけることで音声が出ないようにする配慮も。

より多くの保育者の学びを保障するために―ハイブリッド型の研修形態を活かす

本市は『全体研修会』として、すべての公立園から１名以上が参加する集合型の研修会を実施してきました。これまで、参加者は正規職員が優先されることが多い、遠方にある山間地の園からは参加しにくいという課題がありました。会場参加とオンライン参加を並行で実施することで、気軽に参加でき、雇用形態にかかわらず参加が可能となりました。また、オンライン参加者はパソコン

『全体研修会』の会場

からの出入りが自由であるため、部分的な参加も可能となり、シフト勤務への対応策になりました。静岡市立園として大切にしていきたい内容を、より多くの保育者に共有してもらうことにつながりました。

会場参加と並行してオンライン参加を実施することで、保育者が保育業務の合間のわずかな時間でも研修に参加することができた。

活用にあたって……

参観者の視点

撮影者の主観が入った映像だということを前提として研修を受講します。参観者独自の見取りができない反面、同じ視点をもとにした協議ができるので、講師も同じ材料をもとに指導講評をすることで、学びの共有を目指します。事前情報として遊びの経緯を提供し、情報を補完します。自分の目で見て情報を選ぶことはできませんが、提供された情報を深く理解することにつながります。

公開者の視点

「オンラインで研修が継続され、講師からの指導講評、参観者からのリアクションを得られることは、研修の積み上げにつながる」と公開園の保育者は感じています。子どもたちは常に成長しています。突発的な問題等で対面での公開保育が難しいときも、オンラインに切り替え、調整しました。状況に即応できるのもICTの利点であると感じています。

行政の視点

対面での、自身の目で保育を見て、自身の耳で講師の言葉を聞き、その場の空気を感じることを超えられないかもしれませんが、オンラインの課題である「撮影者の主観が入ること」をあえて活かすことで、新しい成果が見られています。しかしながら、講師の継続的な園内研修への関与と指導があってのICTであることも感じています。

垣根を超えたつながりを生み出す

野澤祥子

　コロナ禍では、対面研修の機会が大きく減少し、園を超えて対話し、学ぶことが難しくなりました。そのことへの対応として、ICTが広く活用されるようになりました。オンラインを活用することで、移動の時間や経費が少なくなります。そのことで、これまで研修の機会が限定されていた非正規の職員や遠方の園も参加が可能になります。事例の中では、そうしたICT活用のメリットを活かし、さらにICTの機能や特徴を存分に活用した、創意工夫が溢れる取り組みが示されています。

　例えば、1 新潟大学附属幼稚園の事例では、年3回の往還型研修が実施されています。同じグループのメンバーで同じテーマについて語り合うことで、信頼関係が形成され、深いところまで対話することができるでしょう。また、事前に動画を共有してそれぞれが見ておくことで、対話の時間を多く確保することができるという点も新たな発見でした。

　2 認定向山こども園の事例では、オンラインで公開保育が実施されています。対面だと一度に多くの人数が園に訪問することは難しい場合も多いと思いますが、オンラインであればかなり多くの人数が参加することが可能です。その場で解説を聞いたり、保育を見ながらチャットでやりとりすることもできます。公開園の保育者が後で見直し、振り返りができるという点も、大きなメリットの1つでしょう。

　3 和泉市立南松尾はつが野学園の事例では、オンラインで保幼小連携研修が実施されています。1つの小学校の学区内には、複数の園がある場合も多く、そのすべての園からの見学を対面で受け入れることは難しいかもしれません。しかし、オンラインを活用することによって、複数園からの見学や研修への参加を受け入れたり、連携したりすることがしやすくなる面があるのではないかと思います。

　4 静岡市子ども未来局こども園課の事例では、自治体としてオンラインを活用した公開保育や園内研修を支援しています。園内研修と園外研修を自在につなぐことができたり、外部講師が遠隔からつながることができるのは、オンラインならではのことです。また、公開保育で川での保育を公開した事例が紹介されています。園外での保育を共有することができるというのは、新しい発想としてとても興味深いものでした。

　このようにICTを活用することで空間や時間の制約を超えて、保育者の学びへの参加を

保障し、新たな形でのつながりを生み出しうるということが事例に示されています。

普段の子どもの姿を細やかに捉える

4つの取り組みの事例では、子どもの姿や保育の様子を映像で共有しています。その場に身をおき、子どもたちや保育者とともにいることでしか見えないこと、感じられないこともたくさんありますが、映像ならではのよさもあることが事例からうかがわれました。

まず、他クラスや他園の大人が訪れている状況では、子どもが少なからず影響を受けます。普段の子どもの姿を共有することができるのは、動画ならではのよさだと思います。

撮影した動画の場合、保育者と子どもの細やかなやりとりを捉えることができますし、数日間の遊びの展開を1つの動画に編集することもできます。何度も見返すことができることも動画のよさだと思います。通常では見逃してしまうような一瞬の出来事の重要性が感じられたり、子どもの表情や身体の細かい動きから、思考や感情の動きが垣間見られたりすることもあります。

また、対面の公開保育では、それぞれの参加者が、その場に身をおいて雰囲気を感じたり、園やクラスの様々な部分を見たりできるというよさがある一方で、参加者が同じ場面を見ていない場合も多くあります。動画では視点が限定されるということが、参加者が視点を共有して対話しやすいというメリットとしても捉えることができると感じました。

地域の垣根、園・学校種別の垣根を超える

オンラインでは、自治体を超えたつながりや、園種別・学校種別の枠を超えたつながりをもつことも容易になっているようです。

例えば、1 新潟大学附属幼稚園の事例では、園が中心となり、長岡市、三条市と共同で、自治体や園種別を超えたつながりを生み出しています。また、3 和泉市立南松尾はつが野学園では、コロナ禍の中でも、中学生や小学生と幼児の関わりの機会をつくったという事例が示されました。少子化が進む現在、年の離れた子ども同士が関わり合う機会は貴重であり、その機会を保障できるということは、とても重要だと思います。

もちろん、対面でやりとりする機会は重要ですし、オンラインには代えがたい部分も多くあります。しかし、以上の事例に示されているように、時間的・空間的な制約を超え、地域の垣根、園・学校種別の垣根を超えたつながりを支え促す取り組みの工夫が、今後も継続・発展することが期待されます。

保育現場で ICT を使う際に必要とされる法令順守

鳥飼総合法律事務所 弁護士・保育教諭　木元有香

　保育実践において ICT を活用することにより、活動がより深まり、子どもの豊かな育ちを実現することが可能となります。

　他方で、ICT の活用により、情報の持ち出しや拡散が容易になり、情報が漏洩等した場合に取り返しのつかない大きな損害が生じることも考えられます。

　ここでは、ICT を活用する際に意識すべき法令等と、法令順守の徹底についてご説明します。

■ 1　ICT を活用する際に意識すべき法令等

（1）　個人情報保護法

①個人情報保護法における個人情報とは

　「個人情報の保護に関する法律」（以下、「個人情報保護法」）では、「個人情報」とは、生存する個人に関する情報であって、特定の個人を識別することができるものをいいます[i]。例えば、「氏名」、「氏名と生年月日の組み合わせ」、「顔写真」等がこれに当たります。

　また、他の情報と容易に照合することができ、それにより特定の個人を識別することができることとなるものを含みます[ii]。例えば、ニックネーム（例：「まい先生」）や学籍番号などは、通常それだけでは特定の個人を識別できないため個人情報には該当しませんが、これらを園のホームページの記載（例：先生紹介のコーナーで「山本舞（まい先生）」などと紹介されている）などの別の情報に容易に照合して特定の個人を識別することができる場合には、個人情報に該当することになります。

　さらに、「個人識別符号」が含まれるものも個人情報に該当します[iii]。個人識別符号として、DNA、顔、声紋、指紋等を電子計算機で処理できる形に変換した符号や、住民票コード、マイナンバー等が定められています[iv]。

> **園が保有する個人情報の具体例**
> ・在籍園児及び在籍園児の保護者・兄弟等の氏名、年齢、住所、連絡先、勤務先、写真、身体的特徴（障害等の有無・アレルギー等）等
> ・園運営に関わる過程で入手した様々な個人に関する情報（園が入手・作成した園児や保護者が特定される情報や、園の活動時の写真や動画等）

②個人情報保護法の規制

　個人情報保護法は、個人情報取扱事業者（園）に対し、個人情報の取得、利用、保存等の際に順守すべき義務等を定めています。

　個人情報が漏洩した場合、園が個人情報保護法に基づく命令[v]に従わず、適切に対応しない場合には、当該園に罰則が科されることがあります[vi]。

（２）　児童福祉法
　児童福祉法第18条の22において、保育士が正当な理由なく、業務に関して知り得た人の秘密を漏らしてはならない、という保育士の秘密保持義務が定められています。この保育士の秘密保持義務は、保育士でなくなった後も課されます。
　例えば、園児が自身の家族について紹介する作品を作った場合、その内容は「人の秘密」に該当することがあり得ます。
　保育士が秘密保持義務に違反した場合、都道府県知事が保育士の登録の取消や、保育士の名称使用の停止を命ずることがあります[vii]。また、1年以下の懲役又は50万円以下の罰金という罰則も定められています[viii]。

（３）　指針・要綱等
　保育所保育指針第1章総則の「1 保育所保育に関する基本原則（5）保育所の社会的責任 ウ」では、保育所が「入所する子ども等の個人情報を適切に取り扱う」ことを定めています。また、同指針第4章子育て支援の「1保育所における子育て支援に関する基本的事項（2）子育て支援に関して留意すべき事項 イ」では、「子どもの利益に反しない限りにおいて、保護者や子どものプライバシーを保護し、知り得た事柄の秘密を保持すること」を定めています。
　さらに、全国保育士会倫理綱領では、「4．プライバシーの保護」として「私たちは、一人ひとりのプライバシーを保護するため、保育を通して知り得た個人の情報や秘密を守ります」と規定しています。
　ここでの「プライバシーの保護」とは、その本人が特定されるような情報や私生活に関する情報を守ることをいいます。また、「知り得た事柄の秘密保持」とは、本人が他言しないでほしいと望むすべての情報を守ることをいいます。

▌２　法令順守の徹底
（１）園レベルでの法令順守の徹底
　園は、方針を明確化し、それを保育士に周知・啓発する必要があります。そのうえで、個人情報の取扱いやプライバシー保護を適切に行うために必要な体制を整備します。さらに、情報が漏洩した場合に迅速かつ適切な対応を取ることも求められます。
　具体的には、次の①から④の対応を取ることが考えられます。

① 　個人情報保護方針（プライバシーポリシー）やコンプライアンスポリシーを策定する。
② 　法令やガイドラインに従って個人データの取り扱いやプライバシー保護に係る園内のルールを整備する。
③ 　①・②を保育士及びその他の職員に周知する。①・②のうち必要な内容については、保護者にも周知する。

④　個人情報及びプライバシー情報の保管については、4つ（組織的、人的、物理的、技術的）の側面から安全管理措置を講じる[ix]。特に、園内に情報セキュリティ管理者を配置する。

（2）保育士レベルでの法令順守の徹底
　　園の保育士一人ひとりが、個人情報の利用やプライバシーの保護についての意識を高め、保護者から質問があったとき等に、的確に答えられるようにしておくことが重要です。
　　そのためには次の①から④を行うことが考えられます。

①　園のプライバシーポリシーやコンプライアンスポリシーを理解する。
②　マニュアルを定める（具体的な内容としては、❶個人情報やプライバシー情報の適切な管理の方法、❷電子媒体・情報等の適切な管理の方法、❸情報漏洩時の適切な対処方法など）。
③　研修・講習会に定期的に参加する。
④　定期的にヒヤリハット報告を行い、随時マニュアルを改善する。

（3）実際にICTを活用する際の留意点
　　まずは、園として、どのような情報を収集し、どのようなデバイスにアップ（利用）しようとしているのか、全部洗い出しましょう。
　　その上で、それぞれの情報が、「個人情報」「知り得た人の秘密」「プライバシー」「知り得た事柄の秘密」に該当するのかどうかを判断します。これらに該当するのであれば、情報を取り除かなければならないのか、保護者の同意があれば利用できるのかを検討します。後者については、保護者の同意をすでに得ているのか、これから得る必要があるのかも確認してください。
　　上記の検討結果は、チェックリストなどを用いて確認するようにしましょう。このチェックリストを利用した確認の手順を、マニュアルに含めることが望まれます。

---

i　個人情報保護法第2条第1項
ii　個人情報保護法第2条第1項第1号
iii　個人情報保護法第2条第1項第2号
iv　個人情報保護法施行令第1条
v　個人情報保護法第145条第2項、第3項
vi　個人情報保護法第173条
vii　児童福祉法第18条の19第2項
viii　児童福祉法第61条の2第1項
ix　「個人情報の保護に関する法律についてのガイドライン（通則編）」の「10（別添）講ずべき安全管理措置の内容」参照

第 5 章

保育の場での業務改善と
ICT 活用

保育の場での業務改善と ICT 活用

1 　保育の魅力を引き出すために

　保育ニーズが増加している近年、保育の職場に対し、多くの人が「就職したい」「長く勤めたい」と思えることは重要です。そのために保育の職場を魅力あるものにすることは、保育の質の確保と向上において課題となっています。保育の質の向上においては、業務の効率化を図り、その時間を保育や保育準備・振り返りの時間に充てることが不可欠です。また、質の確保において、負担となっている業務をなくす改善を行うことも大切です。そのための工夫の１つとして、ICTの導入が提案されています。

　「保育分野の業務負担軽減・業務の再構築のためのガイドライン」(厚生労働省,2021)には、業務改善の考え方から具体的な改善の手順、事例などが示されています。事例は、多くの園が共通してもっていると思われる「課題（困っていること）」、ICT活用によって想定される「効果」、「改善のポイント（考え方やアプローチ）」に言及して、非常にわかりやすくまとめられています。付録としてワークシートも付けられており、すぐにでも実践に取り掛かれるような冊子になっています。また、文部科学省においても「幼稚園の人材確保支援事業」として、2020（令和2）年の調査研究で「(2) ICT支援員等の活用によるICT化による業務改善」について検討されています。

2 　ICT の導入における課題

　このように、保育の一層の充実を図ることにおいて、ICTの活用が有効であり導入が促進されている一方で、現場では導入に様々な懸念がもたれているという実態があります。

　「ロボット・AI・ICT等を活用した保育士の業務負担軽減・業務の再構築に関する調査研究」(野村総合研究所,2021)では、園がICT導入に際してもっている懸念事項は、「1.ソリューション[1]への過度な期待や、過信・過誤によるインシデント[2]の発生」「2.保護者とのコミュニケーション量の低下」「3.若手保育士のスキル獲得の遅延・必要な業務遂行ノウハウの喪失」「4.保育士のICTリテラシーに起因するソリューションの形骸化」の4点に大別できるとしています。その多くは誤解であり、上記の懸念は、実際は発生しなかったことがモデル事業での結果から示唆されています。そのため、導入への懸念事項としてもつ負担感をなくす支援が必要であるということも言及しています。

　保育の業務改善は、保育の魅力向上につながるものでなければなりません。そのためには、単にICTを導入し、代替するだけでなく、業務を見直し、改善すべき点を検討し判断することも不可欠です。そこで次に、園へのICTの導入による業務の効率化と改善について考えてみたいと思います。

3　ICT導入の過程と活用の効果

　ICT導入における業務改善で期待されることは、①これまで人が行ってきた業務をICTに代替させることで負担が減ること、②ICTを導入させることでより質の高い業務が可能になることの2点が考えられます。まずは園における業務改善の過程から、ICTへの代替による改善について考えていきたいと思います。そして次に、ICT導入を保育の質向上へとつなげる可能性について考えてみたいと思います。

1 業務改善の過程とICT

　一般に業務の効率化は、例えば「ムリ・ムダ・ムラ」と思われることに着目して改善を行うなど、業務の過程の見直しに対して行われます。

　園業務の効率化と改善は、このムリ・ムダ・ムラに着目することから始めるというのも1つの方法です。そして、着目したことに対して、ICTを活用することで改善できないか検討することができます。ただし、この見直しのモデルは、主に製造業において有効性が認められているモデルです。よって、保育においてこの視点を用いた改善を図る際には、常に「保育では（園では）、何がムリ・ムダ・ムラにあたるのか」と、保育の固有性、保育において大切にすべきことを踏まえたうえで、用いられる必要があります。

　それでは、保育では何がムリ・ムダ・ムラにあたるのかを考えてみたいと思います。そのうえで、業務改善のためのICT活用について考えます。

①保育における「ムリ」

　「ムリ」が生じていないかを確認し、改善を図ることは、園に携わるすべての人のパフォーマンスをよくし、心地よさを高めるために重要です。また、保育者の業務内容だけを確認するのではなく、保育者の業務によって子どもや保護者にとってのムリが生じていないかを確認し、その結果を見直しに活かすことも重要です。

　このとき、価値や経験には個人差があることに注意する必要があります。例えば、何種類もの指導計画を短時間で仕上げることや、造形活動の準備としてたくさんの製作を行うことなどの中で、誰かにとってムリなことも、他の誰かにとってはムリではない場合もあり、できることとして捉えられる場合もあります。そしてそれは、誰かから見ると保育において大切なことであり、ムリなので変えるというものではないと思われるかもしれません。しかし、意見交換の初めからその判断を行っていたのでは、業務改善は行えません。よって、まずは「ムリだ」と思われたことのすべてを挙げた上で、園の理念や方針、教育課程

や全体的な計画等と照らし合わせ、改善の妥当性を判断することが大切です。

この「ムリ」を見つける際に、ICT機器による作業記録の活用が期待できます。例えば、ICT機器は、AI機能が搭載されていない限り、ムリかどうかの価値を含めた記録を作成することはありません。作成されるのは、その業務に関わった時間や量などの客観的な記録であり、それは個人差なく比較可能なものです。これらの客観的なデータと、それぞれが感じている「ムリ」という主観的な結果の両方を改善のための資料として用いて、見通しをもって改革にあたることは、園全体のモチベーションの維持と向上に役立ちます。

②保育における「ムダ」

「ムダ」の改善としては、例えば、園の日々の業務において、単純に重複していることはないかと探していきます。その中には意味のある重複もあると思いますので、まずはその行為の意味や価値を精査するところから始める必要があります。

例えば、園の業務の中で、手書きで行っていることを挙げてみます。多くのICT機器が得意としていることは、記録することと記録を保管することです。何度も同じ物が手書きされているようであれば、ICT機器での業務へと移行させることによって、業務の改善が期待できるかもしれません。ただし、重複していたとしても、手書きであることに意味がある場合もあります。文字を書くことは描画表現と同様に、1つの表現活動であるともいえます。一人の書き手にしか表せない形であり、その人らしさの1つです。また、その人ならではの情報は、関係構築に欠かせない貴重な情報です。よって、「園だより」等の誰かとの関係を結ぶためのものに関しては、手書きのほうが適している場合もあります。

③保育における「ムラ」

「ムラ」は、生産されるものを常にある一定の質をもったものにするためにもたれた視点です。しかし、保育においてこの「ムラ」を見つけることは、とても慎重に行われる必要があります。そして、見つけたとして、変えないほうが保育の質の向上においてよく影響する場合も考えられます。「ムリ」「ムダ」と同様、それが園全体の質の向上や成長において意味のあるムラであるかどうかを十分に検討した上で、改善を行うことが重要です。

例えば、新人や若手の保育者が行う業務にのみムラが発生していても、それを単にICT活用によって取り除くかどうかは慎重に検討される必要があります。ベテランにはムラが発生していないならば、新人や若手がムラになる経験の中で学び、ベテランになっていく過程を支えていくことのほうに注意を向けていく必要があります。この過程を支える際には、ICTを活用することができます。

ICT機器の強みの1つは、情報共有の手軽さによってやりとりが促進されることです。ICT機器を導入することにより、新人・若手・ベテラン等の階層の垣根を越えて日々のやり取りや保育記録の共有が促進されることで、あらゆる階層の保育者の熟達化につながったという報告もあります（野村総合研究所,2021など）。

そして、園の業務の中で誰もがミスしていたり、ミスにつながっていたりすることに着目することも大切です。例えば、登降園時に、「子どもの身支度への援助」「保護者とのや

りとり」「登降園時間の管理」「登降園による滞在（出欠席）の報告」など複数の業務が一人の保育者に課せられたとします。このような場合は、ベテランといえども状況によってミスが起こる可能性はあります。そこで、園の理念や方針を確認しながら改善を考えていきます。例えば、もし園が「登降園時には子どもと保護者とのやりとりを大切にしたい」と考えたならば、「時間管理」と「報告」の2つはICT機器への代替を検討できるかもしれません。ただしその際、代替したことにより、大切にしようとしていた子どもや保護者とのやりとりまでも簡単になってしまっていないかと、改善点を常に確認し評価し合う仕組みを設定することも重要です。ICTへの代替が、業務の効率化だけに寄与し、保育の質に無関係になったり低下につながったりしないようにしなければなりません。

2 ICT活用によって生み出される資源や効果

　次に、ICT機器の強み（特性）を活かし、園運営を支える資源の充実を図ることにより、他の業務によい影響を及ぼすことができないか、考えてみたいと思います。

①情報の共有

　まず、ICT機器の強みの1つに、情報の共有があります。先述したように、ICTにより保育者間のやりとりが促進され、それによる熟達化が期待できます。また、園に関係する人が発信した情報を、関係者がいつでも見られることにより、新たな情報や協力者を得られるなど、発信者の思いもよらない素晴らしい出来事へと発展していく可能性は高まります。ICT機器によって伝えられることがなければ、全く関係し得なかった人と人、人と物がつながっていくので、園の保育を支える新たな資源を得ることができます。

　またICT機器における情報の共有は、共有相手をあらかじめ設定することができるため、管理しやすいという利点もあります。例えば、園に保護者のみが情報を閲覧できる特定の場所を設けるとすると、その部屋への出入りを確認する人や設備が必要になりますが、ICT機器での共有であれば、最初の設定で入れる人が限定されます。また、ICT機器であれば、閲覧場所に来られない保護者も、場所や時間を限定せずに閲覧することができます。

　さらに、共有相手の設定は、発信者の安心につながります。よって、情報の共有は、共有する者同士の関係性を考慮して検討し、設定される必要があります。情報の発信者及び受信者の双方が共有範囲を了承した上で、適した内容が共有されることが大切です。積極的な情報共有とともに、絶えず共有者間の関係性が確認されることは重要です。

②情報の保管

　他にICT機器の強みとして、情報の保管があります。保管期間は設定することができます。記録は日々増えていきますので、絶えず保管場所を拡張していく必要が出てきますが、ICT機器を用いた保管であれば、パソコンや小さなサーバーを置く場所が必要なだけで、保管場所が日増しに増えることはありません。園内で保管のために利用されていた空間を、別の用途のための場所へと転じることができます。表現の部屋（アトリエ等）にしたり、保

護者や地域の方が活用できる場所にしたりなど、これまで場所の制約で実現しなかったことが叶う可能性が広がります。

　また、ICT機器による保管では、必要なものを素早く探し出すことも可能です。例えば、指導計画の作成において、過去の記録から子ども理解や園で活用できる資源を探り、作成に活かす際に、必要な記録を簡単に閲覧することができます。

4　ICTの導入において大切にしたいこと

　以上のように、ICT活用による業務改善は、保育の運営や保育の質における今日的課題を解決するものとして期待されています。そして、すでにいくつかの取り組みと検証がなされており、その有効性も示されています。

　ただし、ICTの導入が園にとって効果的な取り組みになるためには、多くの報告書が言及しているように、導入に向けての過程が重要であり、丁寧な議論と検討をもとに、それぞれの園のペースで無理なく取り組まれる必要があります。まずは、園の実態を確認することが求められます。そして、園の理念や方針と照らし合わせて導入と活用方法を判断し、さらに導入後には改善のねらいを踏まえての評価がなされなければなりません。

　例えば、先に例として手書きの園だよりについて触れましたが、すべての園で園だよりが手書きで作成されなければならないということではありません。業務改善は、あくまでも各園がそれぞれの園の理念や方針、事情等を踏まえて、園のすべての業務の中での検討として行う必要があります。どの業務においてICTを活用していくかについては、各園で異なることが想定されます。よって、保育者がICT機器の特性を知り、業務の改善点に適した道具が選択できる状態にあることが重要です。

[注釈]

1）　引用元の報告書では「ビジネスやサービスについて抱えている問題や不便を解消するために提供される情報システムのこと」と説明されています。一般的には、「解明」や「解決策」などの意味で使われます。
2）　引用元の報告書では「誤った行為が重大な事件や事故に発展する可能性を伴う事例のこと」と説明されています。

[引用文献・参考文献]
・保育の現場・職業の魅力向上検討会「保育の現場・職業の魅力向上に関する報告書」2020.
・厚生労働省「保育分野の業務負担・業務の再構築のためのガイドライン」2022.
・文部科学省「幼稚園の人材確保支援事業」https://www.mext.go.jp/a_menu/shotou/youchien/1396677.htm(参照：2022年4月4日)
・野村総合研究所「令和2年度　子ども・子育て支援推進調査研究事業　ロボット・AI・ICT等を活用した保育士の業務負担軽減・業務の再構築に関する調査研究」2021.

第6章

国際的な動向

様々な調査データからみるデジタルの動向

　今日、子どもたちが乳幼児期という早い時期からデジタルメディアと出会うのを避けることは難しいと指摘されています（Haines et al., 2016）。子どもたちの生活環境にデジタルが浸透していることは、様々な調査データでも示されています。ここでは、子どもを取り巻くデジタル環境の実態について、国内外の動向をご紹介したいと思います。

1　子どもとデジタルに関する海外の動向

　デジタル時代の子どもと教育について、OECD（経済協力開発機構）は『デジタル時代に向けた幼児教育・保育：人生初期の学びと育ちを支援する』（Schleicher, 2019 ／一見・星（訳），2020）、『デジタル時代の教育：健康で幸せな子どもたち』（Burns & Gottschalk, 2020）というレポートを出しています。この中で、子どもたちを取り巻くデジタル環境の動向や課題が報告されています。報告によると、現在、子どもたちはより多く、より早い時期からデジタルに触れています。2歳より前にデジタルテクノロジーに出会うことを示す調査研究もあります（Chaudron et al., 2017; Kulakci-Altintas, 2020など）。

　こうしたデジタル環境は、子どもの経験にどのような影響を与えるのでしょうか。本書でもみていくように、デジタルテクノロジーは子どもたちに新たな経験をもたらし、学びを豊かにする可能性をもっています。一方で、そのリスクについても考える必要があるでしょう。

　リスクについて検討する際の根拠として、先に挙げたOECDのレポートでは、デジタル機器の子どもへの影響に関する研究の知見が概観されています。それによると、これまでの研究で、テレビやビデオゲームが子どもの認知・非認知の発達や身体的・精神的健康にどのような影響を与えるかということが検討され、知見が蓄積されてきています。しかし、様々な要因が複雑に関連しているために、必ずしも一貫した結果が得られていないようです。例えば、テレビ視聴が子どもにもたらす影響に関して、研究で示されているのはマイナスの影響だけではありません。親とともに視聴することや教育的な番組を視聴することには、プラスの影響もあることが示されています（Schleicher, 2019）。

　ただし、スクリーンタイム（画面を見る時間）が過度に長くなることに関しては、身体的活動の減少や運動スキルの低さと関連することを示す研究（Inchley et al., 2020; Webster et al., 2018)、睡眠に悪影響を与えることを示す研究（Aston, 2018; Janssen et al., 2019）、肥満と関連することを示す研究(Fang et al., 2019; Subrahmanyam et al., 1999)などもあり、留意が必要でしょう。また、デジタル機器を使ってインターネットに接続することで、子どものプライバシーが侵害されたり、不適切な内容に子どもがアクセスしたりする危険性も指摘されています。

　このように、デジタルは可能性とリスクを併せもつ両義的なものです（秋田他, 2020）。「デジタルは善か悪か」という画一的な議論を超えて、そのバランスをいかにとるか、いかにリスクを低減しつつ、デジタルの可能性を活かしていくかを検討していくことが、これからのデジタル時代には重要だということが指摘されています（Burns & Gottschalk, 2020）。こうしたことを踏まえ、よりよいデジタル活用のための指針やガイドラインを出している国もあります（秋田他, 2020）。

　また、今日、デジタルの活用について言及されている課題として「デジタル・デバイド」があります。これは、デジタルを活用する機会がある家庭と、機会がない家庭の間の格差が存在するということを指しています。そして、こうした格差には、家庭の社会経済的な要因が関連していることが研究によって示されています（Burns & Gottschalk, 2020）。さらに最近では、デジタルの活用機会があるかどうかだけではなく、デジタルの使い方や経験の質にも格差が存在する可能性が指摘されています（UNICEF, 2017）。例えば、大人と一緒に探究や表現のためにデジタルメディアを使う場合と、動画視聴やゲームだけに使う場合では、子どもへの影響は異なることが予想されます。さらに、使用の時間を制限するなど、デジタル使用のルールが設定されているか、適切な使い方を教えてもらっているかといったことにも、家庭による差がある可能性があります。こうした格差は、デジタルに関わる経験の不公平につながるとされ、その対応が課題とされています。

　以上のように、発達早期からデジタルに出会うことが避けられない今日、デジタルの可能性を活かす活動を行うとともに、そのリスクを低減するために適切な使い方を子どもたちに教えることが、教育の重要な役割だということが指摘されているのです（Burns & Gottschalk, 2020; Schleicher, 2019）。

2　子どもとデジタルに関する日本の動向

1　家庭でのデジタルメディアの活用

　日本においても、子どもとメディアに関する研究が積み重ねられてきています（小平, 2019）。家庭でのデジタルメディアの活用に着目した研究では、日本でも家庭で子どもたちが早い時期からデジタルと出会うことを示す調査結果が示されています（ベネッセ教育総合研究所, 2018, 2021；橋元他, 2018; 湯地, 2018等）。例えば、ベネッセ教育総合研究所は、2013（平成25）年と2017（平成29年）年に保護者を対象とした調査を実施しています（ベネッセ教育総合研究所, 2018）。調査によると、家庭でのスマートフォン使用（「ほとんど毎日」

～「ごくたまに」）の割合が、0歳～6歳のすべての年齢において、2013（平成25）年と比べて2017（平成29）年では多くなっていました。特に低年齢で割合の増加が大きく、0歳児では2013（平成25）年には13.9％だったのが2017（平成29）年には44.0％でした。2歳以上に関しては、2013（平成25）年の時点でも6～7割と高い割合でしたが、2017（平成29）年には各年齢で少しずつ割合が大きくなり、7～8割という結果でした。橋元他（2018）の調査でも、0～6歳児の約6割がスマートフォンを使用している（または、触れている）という結果が示されています。

　こうした結果から、日本においても、多くの家庭でごく低年齢の時期から子どもの生活の中にデジタルメディアが存在し、実際に触れる機会があるという現状がうかがわれます。

図6-1　家庭でのスマートフォンの使用頻度（1週間あたり、経年比較）

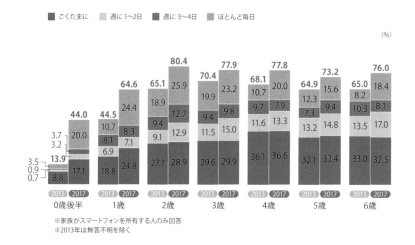

出典：ベネッセ教育総合研究所「第2回 乳幼児の親子のメディア活用調査　速報版」p.13,2017を一部改変

　ただし、毎日長時間デジタルメディアを使用している家庭が多くを占めるというわけではないようです。2021（令和3）年の調査（ベネッセ教育総合研究所，2021）で、平日の使用時間に関しては、3歳以上の幼児でスマートフォンの使用が0分という場合が51.7％でした。使用している場合も15分程度が20.3％、30分程度が11.9％であり、1時間程度以上使用している場合は14.5％でした。1時間以上の使用はタブレット端末でやや割合が高く19.2％でした。一方、テレビ番組の視聴では1時間以上の割合が高く70.7％でした。デジタルメディアの使用よりもテレビ視聴の方が長い傾向があるようです。また、この調査では、異なるメディアを使用した場合のスクリーンタイムの合計については報告されていませんが、テレビ視聴だけで3時間より長い家庭も5.6％みられました。家庭によってはスクリーンタイムがかなり長くなっていることに留意が必要だと思われます。

図 6-2　幼児の平日の１日あたりのメディア使用時間

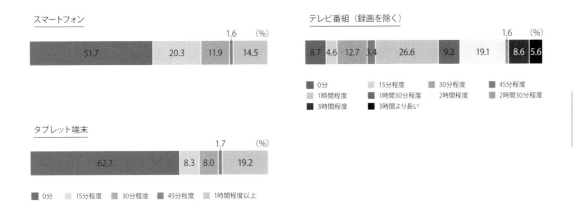

出典：ベネッセ教育総合研究所「幼児期から小学校低学年の親子のメディア活用調査―2021年１月実施― 速報版」
　　　 p.2,2021 をもとに作成

　一方、前項でも述べたように、デジタルメディアの適切な使い方を子どもに教えること
は大切です。前述の2021（令和3）年の調査では、デジタルメディアを使用する際のルー
ルについて尋ねています（ベネッセ教育総合研究所, 2021）。その結果によると、タブレット
端末の使用について、「とくにルールを決めていない」は3.5％と割合が低く、ほとんど
の家庭が何らかのルールを設けていることが示唆されます。具体的には「見る（使う）時
間の長さを決めている」が59.4％で最も割合が高く、「食事中は見ない（使わない）よう
に約束している」「場所を暗くしないようにしている」「見方（使い方）の約束を守れなかっ
たら注意する」「スクリーン・ディスプレイに目を近づけすぎないようにしている」が約
5割でした。このように見る時間や場面を制限したり、視力の低下を予防するためのルー
ルを設定している場合が比較的多いようです。
　一方で、「内容を確認している」は45.2％でした。また、タブレット端末を誰と使用す
るかについて、子どもが「一人で」を選択した場合は5割程度、「保護者と一緒」を選択
した場合は6割程度（複数選択のため重複あり）でした。さらに、タブレット端末等のデジ
タルメディアを使った活動内容については「動画視聴」を選択した場合が8割を超えてい
ました。これらの結果から、子ども一人で動画視聴をする場合もそれなりに多く、デジタ
ルメディアの内容にまで踏み込んで保護者が吟味できていない場合もあるのではないかと
いうことが推測されます。

図6-3　幼児のタブレット端末の使用ルール

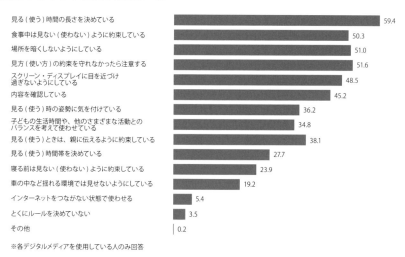

ルール	%
見る(使う)時間の長さを決めている	59.4
食事中は見ない(使わない)ように約束している	50.3
場所を暗くしないようにしている	51.0
見方(使い方)の約束を守れなかったら注意する	51.6
スクリーン・ディスプレイに目を近づけ過ぎないようにしている	48.5
内容を確認している	45.2
見る(使う)時の姿勢に気を付けている	36.2
子どもの生活時間や、他のさまざまな活動とのバランスを考えて使わせている	34.8
見る(使う)ときは、親に伝えるように約束している	38.1
見る(使う)時間帯を決めている	27.7
寝る前は見ない(使わない)ように約束している	23.9
車の中など揺れる環境では見せないようにしている	19.2
インターネットをつながない状態で使わせる	5.4
とくにルールを決めていない	3.5
その他	0.2

※各デジタルメディアを使用している人のみ回答

出典：ベネッセ教育総合研究所「幼児期から小学校低学年の親子のメディア活用調査—2021年1月実施— 速報版」
p.9,2021 をもとに作成

　以上のように、日本においても、子どもたちが家庭で早い時期にデジタルメディアに出会うことが調査データから示されています。そして、多くの家庭でデジタルメディアを使用する際のルールを設定していることも示唆されています。ただし、動画視聴の割合が高く、デジタルメディアの内容の確認を十分にしていない場合もある可能性については、留意してみていく必要があるのではないでしょうか。

2　園でのデジタルメディアの活用

　日本の園ではどのようにデジタルメディアが活用されているのでしょうか。2015（平成27）年に全国の幼稚園を対象として実施された調査（小平，2016）では、75％の園が保育活動に使用できるテレビを所有している一方、保育を行う場にインターネット環境が整備されている園は12％（公立：2%、私立：17%）にとどまっていることが示されています。インターネット利用が可能な園は93％と割合が高いものの、職員室などでの事務仕事での使用に限られており、保育室のインターネット環境は整備されていない園も多いことが推測されます。また、「パソコンソフト・インターネットでアクセスできる教材（マルチメディアソフト）」の利用は11％（公立：7%、私立：13%）、「タブレット端末」の利用は5％（公立：1%、私立：7%）でした。この調査で対象としているのは幼稚園のみですが、2015（平成27）年時点ではデジタルメディアの整備や活用は一部の園でしか行われておらず、普及が進んでいなかったことが示唆されます。

図6-4　コロナ禍での園のICT活用

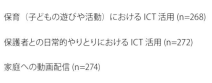
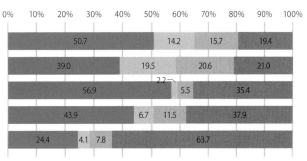

出典：野澤祥子・淀川裕美・中田麗子・菊岡里美・遠藤利彦・秋田喜代美「保育・幼児教育施設における新型コロナウイルス感染症に関わる対応や影響についての検討（2）：2020年度・2021年度の動向と調査結果から」『東京大学大学院教育学研究科紀要』第61巻,pp.331-351,2022より作成

　しかし、こうした状況は徐々に変化してきているかもしれません。特に、2020（令和2）年4月〜5月に新型コロナウイルス感染症の感染拡大を防止するために全国に出された1回目の緊急事態宣言以降、ICT活用が進んだ可能性も示唆されています。筆者らは、2020（令和2）年12月〜2021（令和3）年3月に保育所・認定こども園を対象とした調査を実施しました（野澤他, 2022）。その結果、図6-4に示したように、園での様々なICT活用に関して、「コロナをきっかけに新しく取り組んだ／取り組んでいる」と回答した園が目立ちました。「家庭への動画配信」「職員会議や園内研修」「園外研修や公開保育」で新しく取り組んだという場合が比較的多いものの、「保育（子どもの遊びや活動）」におけるICT活用に新しく取り組んだ場合も2割近くみられたことは、特筆すべきことだと思います。「コロナ前から取り組んでいたことをそのまま継続して実施している」「コロナ前から取り組んでいたことを拡充・変更して実施している」と合わせると、5割近くに上ります。
　こうした状況を踏まえると、今後、保育の場でデジタルメディアをいかに活用するかを検討していくことは、わが国においても必須の課題であると考えられます。

［引用文献・参考文献］

- 秋田喜代美・野澤祥子・堀田由加里・若林陽子「保育におけるデジタルメディアに関する研究の展望」『東京大学大学院教育学研究科紀要』第59巻, pp.347-372,2020.
- Aston, R.,'Physical health and well-being in children and youth: Review of the literature', *OECD Education Working Papers*,170, Paris,:OECD Publishing, 2018.
- ベネッセ教育総合研究所「幼児期から小学校低学年の親子のメディア活用調査―2021年1月実施―速報版」2021.
- ベネッセ教育総合研究所「第2回 乳幼児の親子のメディア活用調査 報告書」2018.
- ベネッセ教育総合研究所「第2回 乳幼児の親子のメディア活用調査 速報版」2017.
- Burns, T. & F. Gottschalk (eds.), *Education in the Digital Age: Healthy and Happy Children(Educational Research and Innovation)*, Paris:OECD Publishing, 2020.
- Chaudron, S., Di Gioia, R. & Gemo, M., *Young Children (0-8) and Digital Technology : a Qualitative Study Across Europe*, Publications Office of the European Union, 2017.
- Fang, K., Mu, M., Liu, K., & He, Y.,'Screen time and childhood overweight/obesity: A systematic review and meta‐analysis', *Child care health and development*, 45(5), pp.744-753,2019.
- Haines, C., Campbell, C., and Association for Library Service to Children(ALSC),*Becoming a media mentor: A guide for working with children and families*, Chicago: American Library Association,2016.
- 橋元良明・大野志郎・久保隅綾「乳幼児期における情報機器利用の実態」『東京大学大学院情報学環紀要 情報学研究・調査研究編』第34号, pp.213-243,2018.
- Inchley, J. et al. (eds.),*Spotlight on adolescent health and well-being. Findings from the 2017/2018 Health Behaviour in School-aged Children (HBSC) survey in Europe and Canada. International report. Volume 1. Key findings*, Copenhagen :WHO Regional Office for Europe,2020.
- Janssen, X., Martin, A., Hughes, A. R., Hill, C. M., Kotronoulas, G. & Hesketh, K. R., 'Associations of screen time, sedentary time and physical activity with sleep in under 5s: A systematic review and meta-analysis', *Sleep medicine reviews*, 49, 101226,2020.
- 小平さち子「幼児教育におけるメディアの可能性を考える～2015年度 幼稚園におけるメディア利用と意識に関する調査を中心に～」『放送研究と調査』7月号, pp.14-37,2016.
- 小平さち子「"子どもとメディア"をめぐる研究に関する一考察～2000年以降の研究動向を中心に～」『放送研究と調査』2月号,pp.18-37,2019.
- Kulakci-Altintas, H. , 'Technological device use among 0–3 year old children and attitudes and behaviors of their parents towards technological devices', *Journal of Child and Family Studies*, 29(1), pp.55-61,2020.
- 野澤祥子・淀川裕美・中田麗子・菊岡里美・遠藤利彦・秋田喜代美「保育・幼児教育施設における新型コロナウイルス感染症に関わる対応や影響についての検討（2）：2020年度・2021年度の動向と調査結果から」『東京大学大学院教育学研究科紀要』第61巻,pp.331-351,2022.
- Schleicher, A. ,*Helping our Youngest to Learn and Grow: Policies for Early Learning*, Paris :

OECD Publishing, 2019.（アンドレアス・シュライヒャー著, 経済協力開発機構（OECD）編, 一見真理子・星三和子訳『デジタル時代に向けた幼児教育・保育：人生初期の学びと育ちを支援する』明石書店, 2020.）

・Subrahmanyam, K., Kraut, R. E., Greenfield, P. M., & Gross, E. F., 'The impact of home computer use on children's activities and development', *The future of children*, 10(2),pp.123-144,1999.

・UNICEF , The State of the World's Children 2017: Children in a Digital World, 2017.

・Webster, E. K., Martin, C. K., & Staiano, A. E., 'Fundamental motor skills, screen-time, and physical activity in preschoolers', *Journal of sport and health science*, 8(2), pp.114-121,2018.

・湯地宏樹「スマートフォン及びタブレットゲームが乳幼児の心身に与える影響の研究」『文部科学省 科学研究費助成事業 研究成果報告書』2018.

1

様々な調査データからみるデジタルの動向

② デジタル化社会における保育の未来へのデザイン

　前節で述べたように、ICT機器は急速に発展し、特にコロナ禍を契機に、国際的にも国内でも、デジタル革命により、家庭や園だけではなく、大きく社会システム全体のあり方が変化してきています。これまでの20年間はデジタル革命の助走期であったのに対して、これからの20年間は飛翔期に入り、2040年頃までに大きく変わるだろうともいわれています（森川、2019）。

　本書では、保育実践の中での子どもたちの遊びや暮らしへのICTの活用を、事例を中心に論じてきました。ICTは文房具といわれますが、通常のこれまでの文房具とは異なる様々な価値を生み出します。それは、デジタル機器が入ることが機器の発達だけではなく、思考様式や人・もの・ことの関係性を拡張し変える可能性があるということです。この点を、本書の最後に考えてみたいと思います。

1　子どもがデジタルにアクセスする権利と賢い使用のために

　国連子どもの権利委員会では、2021年3月に「デジタル環境との関連における子どもの権利についての一般的意見」を公表しました。本書には資料としてその主な部分を掲載しています（p.182参照）。「デジタル環境は、もともと子どもたちのために設計されたものではないが、子どもたちの生活で重要な役割を果たしている。締約国は、デジタル環境の整備、規制、設計、管理および利用に関するすべての行動において、すべての子どもの最善の利益が第一次的に考慮されることを確保するべきである」と述べられています。格差なく、どの子どもにもアクセスの権利を保障することの大切さが指摘されています。しかし一方で、そのリスクから子どもを守ることの必要性も示しています。

　子どもがデジタルに関わる際のリスクとして、OECD（2020）は、デジタル環境における子どもたちについて、4つのリスクを挙げ（表6-1）、また4カテゴリーにまたがるものとして、プライバシーのリスクや健康へのリスクも指摘しています。

表 6-1　リスクタイポロジー

子どものデジタル環境におけるリスク			
リスクカテゴリー	コンテンツリスク（内容がヘイト的、有害、違法、偽情報等）	コンダクトリスク（子ども間の行動が生むネットいじめ等）	コンタクトリスク（子どもに危害を与えるような人との接触や情報の暴露等）	コンシューマーリスク（消費者として不適切な契約や商品にさらされる）
リスクの症状	ヘイト的なコンテンツ	ヘイト的行動	ヘイト的な接触	マーケティングリスク
	有害コンテンツ	有害な行動	害を及ぼす接触	商用プロファイリングリスク
	違法コンテンツ	違法な行動	違法な接触	ファイナンシャルリスク
	偽情報	ユーザーの生成による問題行動	その他の問題のある接触	セキュリティリスク

OECD（2020）に一部筆者が加除

　しかし、リスクがあるからICTは一切使用を禁じる、不要であるという立場ではなく、賢く使用することの大切さや、そのために大人が研修を行い専門的知識をもつことの必要性が、国際的に言及されています。NAEYC（全米乳幼児教育協会）やEECERA（欧州乳幼児教育学会）などの乳幼児教育に関わる実践者と保育研究者が集う学術団体も、OECDやユネスコなどの国際機関も指摘しています。

　例えば、EECERAでは専門家が集まり2018年に政策提言を出し、保護者、園の実践者、自治体へのキーメッセージを示しています。そこでの提言の前提は、スクリーンタイムを制限するという考え方からすでに時代は移行し、子どもが日々の活動の中でオンラインとオフラインの実体験とのバランスをとって、デジタル機器の使用の質を検討することが大事であるとしています。園では、健全な教育のあり方の原理を長期的な視点からしっかりともち、デジタルテクノロジーが創造的・応答的に安全に使われることで、子どもたちの興味・関心や発達に添って、探究的・省察的な態度を培うことを支援するように使用されることが大事であるとしています。そのために、子どもたちの日々の遊びや暮らしの生活経験とつながって生まれた探究に基づき、答えのない開かれた問いの検討を行うためにデジタル機器の使用を捉えること、保育者が、子どもが多様なメディアを通して、自らが関心をもったことを問い、探究し、検討し、議論し、振り返り、やりとりをし、遊びながら、その中でその出来事の意味や自分のあり方を見つけ変容していくことを捉えることが大事であると述べています。そして、そのために園が基本方針をもつこと、保育者が子どもの学びをともによく観察し、子ども自らが知識を生み出していけるようにすること、家庭と連携し合うことの大切さを論じています。

　しかし実際には、ヨーロッパ各国でも、ICTに関わる専門家の研修機会はまだ少なく、今後体系立てて保育者養成や現職研修を行うことや、そのために裏付けとなる根拠を示す

研究を国等が支援することの必要性も示しています。

　日本においても、日本の保育のよさをさらに活かしていく1つのテクノロジーとして、私たちはそのあり方を日常の保育実践から考えていくことが求められているといえます。

2　デジタル化は園における価値の共有や協創を生む

　グレートリセット（価値の大きな転換点）が今であると、未来予測をする研究者たちが指摘します。DX化（Digital Transformation）が進むことで、個人の生活や働き方が保育の領域においても変わっていくという未来への見通しがあります。これは他人事ではなく、保育においても自分事です。デジタル化はこれまで見えなかった、見えにくかったものを可視化し、人・もの・ことの関係性、その時間や空間軸を変えます。その中で、最も大事な本質は、その転換が新たな価値を生み出すことにあるといわれています。だから、グレートリセットなのです。

　例えば、ICT機器が保育に導入されたことで、ICTが得意な若手の保育者がこれまでの保育技術とはまた違った形の技能を活かして、園の組織内で貢献できるようになったとか、忙しい保育者間の対話のツールとしてLINEやSlackを若い保育者の提案で使い始めたところ、研修や職員会議のときにはなかなか話ができなかった若手保育者が腹を割って本音で自由に発言できるようになったとか、即時的にビジュアルで出来事が共有できるので一体感がわいたなど、ICTはいわゆる業務の効率化というだけではなく、同僚性をより専門的に高めていくきっかけにもなる部分ももっています。

　また、使いこなしている園では「使い方によっては、先生がICTを指導するのではなく、子どもの誰かが使えるようになると、子どもから子どもへと伝え合うほうがはるかに有効。ICTを使うときには一人保育者がつかなければといった発想ではなく、子どもに任せると子ども同士のほうが協働して大人の説明などより早く慣れてしまう」という声もききます。多様な横のつながりを多層的なネットワークで作ることや、保育者間でも保育者・子ども間でも縦割り文化になりがちな組織をよりそれぞれの多様なつながりにすることが、デジタル化の中で生まれているといえます。

　関わる人・ものが増え、やってみたい、面白そうという強い想いで「巻き込み」「つながり合っていく」ことで、出来事の中から共有の物語りが生まれます。この保育に関わる物語りの共有の輪が、他者への気遣いや共感、信頼を生み、ステークホルダー（支援的関係者）が増えていきます。逆説的に聞こえるかもしれませんが、デジタル機器は、保育やその中での子どもの遊び、戸外で身体を動かす体験や対面の関わりの重要性という見えないものの価値の理解を支える道具にもなります。保育の空間がより公共の民主的空間になっていく契機となるといえるでしょう。

　子どもたちも保育者も、出会う人・もの・ことの世界の広がりを、これまでの仕切りや境を越えて、変えていくことができる可能性をもつといえます。もちろんそれは、時には可能性と同時に危険性とも裏返しです。私たちはその両面を理解し、保育の新たな可能性

を体験・体感しながら拓いていく時代になっているのだと思います。頭で考えてあらかじめ是非を語るという時代から、体感して価値を感じることでワクワク感や喜び、ためらいなどの感情を直感的に感じ、語らい、そこから振り返り、どのように保育により意味ある形で活かすかを考えるときにきています。

　宮田（2020）は、デジタル革新の本質は体験価値にあるといいます。「最大多数の最大幸福を実現する」ものやサービスという平均に焦点を当てたあり方から、一人ひとりの価値を捉えてより個別に合ったふさわしいあり方、包摂的なあり方の実現が可能となる「最大多様な最大幸福の実現」の変革が、デジタル化なのです。「多様な遊びや暮らしの中での価値を見える化」することで、何が大事かという価値を対話を通して共有できるようになること、一人ひとりのWell-Being（ウェルビーイング）という発想から「Better Co-Being」として人がつながり合うことで互いにその人がもつ潜在的可能性を引き出し合い、「いのち輝く未来社会の協創」を実現することで、デジタル化社会には可能となるといいます。

　デジタル化によって、自分たちの価値の見直し、一人ひとりのよりよい幸せへの対話を可能にする、そのための道具がICTだということなのです。ICTがどんな機能をもっているかというノウハウの議論だけではなく、ICTが変える関係性や社会を見通していくことが、保育においても大事でしょう。

3　DX による子ども、保育者、園の強みを活かす OODA ループ

　森川（2019）は、ICTやデジタルというと、IoTやビッグデータ、人工知能、ロボットなど、情報が溢れるイメージや人にとって代わるものというイメージをもつ人が多いが、実はデジタル化で最も重要なことは、人が気づきが生まれるループを自覚化し、それを実際のリアルな生活の向上にすぐに活かしていくことであるといいます。実践発、現場発でその人や場の文脈、地域エコシステム（生態学的環境）を活かして、より柔軟により実態に即した関わりやあり方の模索が新たな価値を生み出すことこそが、リアルデータを収集し分析・編集できるデジタル化の核心なのです。

　これを保育の場で考えてみると、いろいろなロボットやセンサーが保育者にとって代わるといった話だけがデジタル化という話ではなく、効率化・自動化をもたらすことで、専門家が専門家として行っていることがいかに複雑で高度なことであり、保育実践のシステムの中で何が最も大事なのか、専門家が専門家として時間を優先して使うことなのかを明らかにし、より実践を豊かにする判断に使えるようにしていくということです。

　例えば、毎日湿度や騒音を測定器で測るなどしなくても、保育者は体感で換気の必要や時に子どもの興奮度を感じていますが、センサーで自動検知してデータでそのパターンが見えるなら、どのようにその機器を効率的に使うかの判断だけすればよくなります。ほかにも、デジタルカメラ等によって、これまでの手書きメモや記録だけではなく、より効率

的によりリアルな子どもの姿や環境、時間の流れを捉えることができるようになってきました。時系列に並べて必要なものを取り出すのも容易になります。また、子ども自身もタブレットで何かを記録することができることで、子ども目線とは何かを、言葉では語らなくても写真や映像で語らぬ声を届けることが可能となりました。ただし、撮影に何を選ぶのか、記録からどのように何を選ぶのかということには、主体性や専門性が求められます。

　重層的にある多様な記録、データの編集や分析もデジタル化により簡単になってきたことで、予想や振り返りが容易になりました。そのことが、例えばポートフォリオやドキュメンテーションなどの作成を簡単にし、保育の見える化に寄与しています。文字記録だけに比べて子どもにも保護者にも同僚にも解りやすいという共有可能性をもたらします。もちろん手書きや文字だからこそその効果もあり、そこを判断することが大事なのです。

　しかし、森川が指摘するように、そこで大事なことは、収集や編集が効率的になるからこそ、そこで何に気づいたのかを自覚化し、それをすぐに実際の保育での環境のデザインや次の活動への見通しにつなげられること、またこうしたループ（循環の輪）を自覚化し、どこに時間をかけるのか、何を見える化し大事にするのかという価値をめぐる対話をすることで、それぞれの子どもや保育者、園のよさや強みを活かした実践につながります。あるパターンを見つけ、自分たちの園が大事にしたいことを見える化するのであって、情報の氾濫に身をおくことではありません。つまり、以下のようなサイクルで振り返りを活かして対話し、価値を自覚化し、具体的な実践に活かすことが可能となります。

図 6-5　保育実践のサイクル

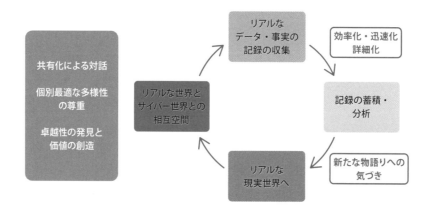

　これは、いわゆるPDCAという近代工場の品質管理サイクルの発想から、今日DX化の中でよくいわれる「OODA（ウーダ）ループ」、つまり「Observe（観察）」「Orient（状況判断、方向づけ）」「Decide（意思決定）」「Act（行動）」、わかりやすくいうと「みる」「わかる」「きめる」「うごく」という形での実践の試行錯誤を生み出します。OODAの特徴は、一度き

りの計画実行で終わるのではなく、調整しながらこのループを何度も素早く試行錯誤しながら繰り返すことであり、自分目線の計画から始まるのではなく、子どもや相手の観察から始まることで生身の他者を意識したリアルの中の判断となります。OODA は、日々の保育の中でこれまでもやっていたことだといわれると思います。これは、もともと実践発の発想です。デジタルテクノロジーは、リアルな場での一人ひとりがより主体的になっていくための見える化や共有化、判断過程の自覚化を可能にするのであり、それをどのように活用したり試行錯誤し調整するのかは、園やその活用によるといえるでしょう。

図 6-6　OODA ループ

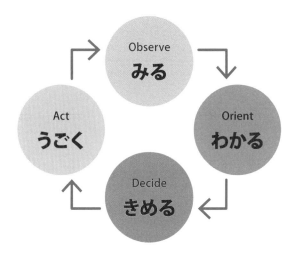

　一人ひとりの子どもや保育者のもつかけがえのなさや経験していることのその子らしい豊かさ、家庭や園の多様性を、その人や生きている場、園がある場の文脈の中でともに活かし合っていくことが、これからの保育においてさらに求められていくでしょう。デジタル化は、個別最適と包摂性を保障し、私たちが保育の中にどのような価値を見出していくのかを問う 1 つの契機となります。だからこそ「一人ひとり」「最善の利益」を生み出すことにつながるのです。どこでもどの園でも共通の質基準により、改善・確保・向上する発想を超えて、園が地域におけるウェルビーイングをもたらす場としてのワクワク感を生み、ほっとやすらぎ、対話によってつながり合い、互いに園に誇りを感じ、子どもの経験を豊かに深めるために、私たちはどのような未来のデザインを描くのか、そのことにおいて園が生み出す共有価値を具現化していく道具として、デジタルツールは 1 つの支えとなるでしょう。

4　日本のよさを活かす「スローペダゴジー」による、デジタル化への水引モデル

「イノベーションに対する最高の賛辞は『なぜ自分には思いつかなかったのか』である」とドラッカーは言いましたが、保育の中でも子どもの姿や保育の事例を見て「なるほど、こんなふうにすればいいね」と気づくことはたくさんあります。

本書にあるICT事例を見て、直感的にわかり、「これならこんなふうにうちではやってみよう」と動き出す。これがICTを使うときのOODAループの動きです。ICT講習会で機器操作の扱い方を学び、それを園に適用してやってみる、マニュアルを見て指導をするというのは、実践を豊かにする発想ではなく、啓蒙の思想です。こういった考えから、本書では、実践発の事例を紹介しています。ワクワクすることで子どもの発想や保育者の知恵が園を超えてつながり合うことが、保育の未来への1つの見取り図になるのではないかと考えています。その出発点は、「みる（Observe）」や「聴く（Listening）」にあります。ICT機器の使用が、目先の生産性や効率性、園児集めなどだけに向かうと、保育は見えなくなります。

保育の場はそれぞれの子どもたちの心の動きと見取り、環境をデザイン・リデザインしていく高度な専門性が必要です。そこで大事なことは、子どもの時間や空間をその子にとって意味ある場や経験にしていくための、「ゆっくりの保育学（slow pedagogy）」です（Clark,2020）。日本は歴史的に四季折々を経験し、子どもの行動だけではなく心の揺れ動きに寄り添う丁寧な保育、きめ細やかさを大事にしてきています。そういった心配りをするためには、保育の中でも日々の業務の振り返りでも、丁寧に見ること、そのためにICTを使用することが大事でしょう。

ファストフードに対してスローフードがあるように、ゆっくりの保育学の哲学の中でデジタルを使うことが大事だと思います。Orr（1996）はパッケージ化されたfast knowledgeに対して，体験を経て納得して得たslow knowledgeこそが、その場しのぎではなく、最初の考えを超え、余韻を楽しんだりあらためて考えたりすることになるといいます。

幼児期に培いたいのは、このようにゆっくりじっくり子ども自身が対象に丸ごと関わる中で得た知識です。その中でICTがいかに援助できるのかという視点と、いかに早く検索した知識を習得していくのかという視点は、同じICT利用でも価値は異なります。

また、ICTは、ゆっくり見ること（slow looking）も可能にします。立ち止まってよく比べてみること、見えなかったところまで見ていくことで、「なぜだろう」という問いも生まれます。それがEECERAの政策提言でいわれている、探究的にICTを使用するということになります。例えばゲームで何面クリアしたかという目的のICT利用は、早く目的を達成するという使い方になりますから、それ以上の気づきはそこには生まれません。

初めに保育者が思っていたイメージや利用法だけではなく、こんなことも子どもたちが

思いつくのだと、子どもの着想や有能さに目を丸くしたり、園にある場や物にあらためてこだわってみるとこんなよさがあると気づいて価値を構築・共有するように、ICTが使われることを願っています。

　子どもたちの中には育ちがゆっくりの子もいれば早く伸びる子もおり、のみ込みの早い子もいればゆっくりの子もいます。保育者も同様です。人に上手く頼る、得意な人に任せることが、園の中の関係や見方を変える1つの契機になるかもしれません。

　DXがある場に加わることで、価値を問い直し、加えながら、CX（corporate transformation）の質の変化、育ちや学びの変化をもたらします。DXとCXの循環的変化が両輪であるということがいわれます。

図 6-7　園変化の水引モデル

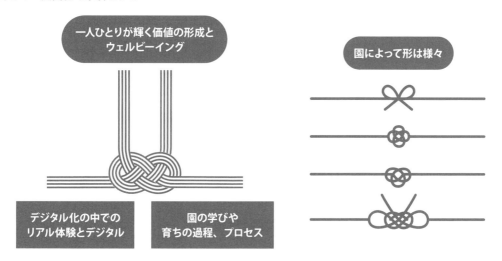

　それを保育の場で考えてみると、水引のあわじ結び等のようなものに例えられると思います。水引は中央で固く結ばれ、一度結ぶとほどくことが難しく、人と人が「結び合う」「つながり合う」という意味があり、祈りを込めたものとして使われたものといいます。

　子どもたちの日々の経験の積み重ねで生まれるつながりは、相互に関連して創造的になっていきます。子どもの育ちや学びも、保育者の専門的な学びや成長も深まります。一人だけではなく、何本ものこよりが結びついていくように、いろいろな関わりの絆によって園の価値が生まれ、強い絆を生み出していきます。

　図6-7の右側にあるように、その形は一通りではなく多様なあり方があるでしょうし、それぞれの美しさがあります。乳幼児期の生活の中心を担う園での経験が、生涯において末永く豊かな経験の土台を創り出します。

　水引は日本が独自に生み出したものですが、園におけるICT活用においても、日本のこれまでの実践のよさを尊びながら、地域において園が果たす使命を見据えて、園がどのような価値を大事にしていくと子どもの笑顔が溢れるのかを考えていきたいと思います。た

かが文房具としてのICT、されどICTがもたらす可能性を１つの契機とし、子どもたちの育ちの物語りを紡ぐこと、価値を編み上げていくことが、デジタル社会における日本の保育の中で求められるのではないでしょうか。

［引用文献・参考文献］

・Arnott,L. & Gillen,J.,'Digital Literacy and Young Children: Towards Better Understanding of the Benefits and Challenges of Digital Technologies in Homes and Early Years Settings', *Cost Action IS410/EECERA Digital Childhoods SIG*,2018.

・Clark,A.,'Towards a listening ECEC system', Cameron, C .and Moss,P.(eds.),*Transforming Early Childhood in England: Towards a Democratic Education*,UCL PRESS, 2020.

・David W. Orr,'Slow Knowledge', *Conservation Biology*,10(3),pp.699-702,1996.

・LINEみらい財団監修,経済協力開発機構(OECD) 編,『デジタル環境の子どもたち インターネットのウェルビーイングに向けて』明石書店,2022.

・宮田裕章『共鳴する未来 データ革命で生み出すこれからの世界』河出書房新社,2020.

・森川博之『データ・ドリブン・エコノミー デジタルがすべての企業・産業・社会を変革する』ダイヤモンド社,2019.

・西山圭太著,冨山和彦解説『DXの思考法 日本経済復活への最強戦略』文藝春秋,2021.

・OECD,*Education in the Digital Age: Healthy and Happy Children*,2020.

・P.F.ドラッカー著,上田惇生訳『イノベーションと企業家精神 エッセンシャル版』ダイヤモンド社,2015.

column 海外の保育・幼児教育のカリキュラムにおける ICT

東京大学大学院教育学研究科附属発達保育実践政策学センター准教授 野澤祥子

　各国の保育・幼児教育のカリキュラム（日本の要領・指針にあたるもの）において、ICT はどのように取り上げられているでしょうか。少し前のデータとなりますが、OECDの報告書（OECD, 2017）では、国のカリキュラムでICTを取り上げているのは、調査に参加した24か国中、2011 年には 2 か国、2015 年には 10 か国であったことが示されています。幼児教育・保育の分野で数年の間に ICT への関心が増加していることがうかがわれます。いくつかの国のカリキュラムをみてみたいと思います。

　オーストラリアのカリキュラム "Belonging, Being & Becoming: The Early Years Learning Framework for Australia" では、学びの環境における素材の例としてデジタルテクノロジーが挙げられています。そこでは、デジタルテクノロジーは、グローバルなつながりやリソースへのアクセスを可能にし、新しい考え方を促すと書かれています。また、リテラシーの文脈でも、子どもたちは、デジタルテクノロジーを用いて世界を探究し、デジタルメディアを活用する自信を身につけることによって恩恵を受けると述べられています。

　スウェーデンのカリキュラム "Curriculum for the Preschool" では、コミュニケーションと創造的活動の項目でデジタルが取り上げられています。デジタルを含む多様な素材や技術を用いてデザインしたり、製作をしたり、創造したりする機会を子どもたちに提供するということが述べられています。また、日常生活で出会うデジタル化について理解することができるよう、十分なデジタルスキルを発達させる機会を提供し、デジタルテクノロジーへの批判的で責任ある態度を発達させる機会を提供する必要があることも指摘されています。

　さらにフィンランドのカリキュラム "National core curriculum for early childhood education and care" では、ICT コンピテンスを領域横断的コンピテンスの一部として位置づけています。重要な市民としてのスキルであり、子どもと家族の相互作用の一部を形成し、教育の平等性を促進するものだとされています。ICTを用いて、実験したり、個人で、また協働的に製作を行う経験は、子どもたちの創造的思考、チームワークスキル、リテラシーを促すものであり、多面的で参加的な学びの一部であることが述べられています。

　以上に挙げたカリキュラムでは、単に ICT をうまく使えるスキルを身につけることが目指されているのではなく、世界の探究や創造に重点がおかれていることがわかります。また、市民のスキルとして位置づけられていたり、責任ある態度を身につけることの必要性に言及されるなど、デジタル化が進む社会の一員としてのスキルや責任ある態度の発達に焦点化されている点も、特筆すべき点だと思います。なお、秋田他（2020）では、各国の政府や幼児教育・保育の関連協会が出しているガイドラインや声明を紹介していますので、参照してみてください。

【参考文献】
・秋田喜代美・野澤祥子・堀田由加里・若林陽子「保育におけるデジタルメディアに関する研究の展望」『東京大学大学院教育学研究科紀要』第 59 巻 ,pp.347-372,2020.
・OECD, *Starting Strong V: Transitions from Early Childhood Education and Care to Primary Education*, Paris: OECD Publishing,2017(http://dx.doi.org/10.1787/9789264276253-en).

レッジョ・エミリアの
幼児教育における ICTの実践

　イタリアにあるレッジョ・エミリア市の乳幼児教育施設では、古くからデジタル機器を用いた保育実践が行われていました。そこで、2016年にイタリア、レッジョ・エミリア市に移り、2017年から2019年までアトリエリスタ[1]として市の幼児教育に関わられた津田純佳さんに、レッジョ・エミリア市の幼児教育で日常的で行われているというデジタル機器を用いた実践について伺いました。

インタビュアー：秋田喜代美・宮田まり子

津田純佳
アトリエリスタ。文化庁新進芸術家海外研修制度により、レッジョ・チルドレンや市立幼児学校、乳児保育所でアトリエリスタとして実践的に学び、勤務する。現在はみりおらーれ代表。子どもたちをはじめ、あらゆる人の学びの環境をよりよくする活動を実践している。

M.M.　レッジョ[2]の園では、デジタル機器をどのような目的で使われているのでしょうか。

津田さん　子どもたちの学びを深めるためです。子どもたちの様々な視点や感覚、好奇心を通した探究の文脈や知識を構築するプロセスの中で、デジタル機器を提供することがとても大切です。デジタル機器の性格として、人間が感じられない感覚を知覚できるようにしたり、つながりを作る能力があるとよく言います。空間、時間、ものの間とか。レッジョではメタファーとして

の言語がとても大切にされているのですが、デジタル機器はある言語を別の言語に転換したり、言語同士をつなげたりする、コネクターみたいなものです。道具、空間、物、光、グラフィック、空間構成または素材ではない物、音やイメージ、語り、それから私たちの背景すべてが重なり合う境界部分への（重なり方を再考するための）実験へ招待するような、そういう役割をもっています。

K.A.　そのようなコネクターの役割というのは、実際の保育の中でどういうところを指すのでしょうか。

津田さん　例えば、粘土で何か作ります

よね。まず「冷たい」という感覚があって、粘土をデジタル機器で拡大してみたときに、土の模様が洞窟のように見えたりして、粘土で作ってるときとは違った視点に変わることがあります。手でちぎった紙を拡大して、骨のように見えたり。自分の目で見る以外の世界に子どもたちを導いてくれる場面を「コネクター」と表現しています。よって、デジタル機器は単体で扱わず、必ず何か他のものが必要です。他のsoggetto（イタリア語で主題／対象／題目）、人、素材、また違う道具とか。デジタル機器そのもので完結する活動はありません。そういう面では粘土や光、グラフィックとは大きな違いがあります。デジタル機器の特徴だと思います。

K.A. ソフトとかアプリは、大人と同じものを使うのですか。それとも子ども用のソフトがあるのでしょうか。

津田さん 「Illustrator」とか「Photoshop」などの大人用ソフトを使っています。先生が教えるのではなく、子どもたちが自由に使っています。絵を取り込んで配置したり、コピーしたり、反転したりというのはよく行っています。パソコンも、大人用の普通のパソコンです。

M.M. パソコンや大人用のソフトを、子どもが壊したりするのではないかと心配されることはないのでしょうか。

津田さん 一番大事なのは、子どもたちの学びを助けることです。このデジタル機器はどのように子どもたちの知識を構築するプロセスを助けることができるのか、子どもたちに何を与えることができるのか、どのような発見の可能性があるのかを考えることが、壊す心配よりも大事です。この可能性を子どもたちと一緒に探っていくという先生方の好奇心があると思います。また、壊すといえば、デジタルを使って今までの私たちの固定観念や決まりきったパターンを知る、全部一緒くたに混ぜ合わせたりする（つまり固定観念などを「壊す」）ことで、新しい関係性を見つけるためにも、デジタル機器はとても効果的です。空間も物も道具もつなぎ、そしてデジタル機器を使うことで自分も中に入ることができるので、空間と物と概念のカオスのような状態を作るためにも、使いやすいのかなと思っています。

M.M. デジタル機器を、いわゆる科学的な知を得るための近道として早期に取り入れる、というようなねらいになってしまうと、既存の世界を「壊す」もの、そして新たに「つなぐ」ものではなくなるということですね。

津田さん デジタル機器の使い方を学ぶために取り入れることはないですね。知識を深めるため、構築するために取り入れています。例えば、子どもや保護者がクラスにぶどうを持って来てくれたとしたら、まずは、枝になっているぶどうを手で触ったり、茎との関係を見てみたり、五感を研ぎ澄ませます。その後は、描いてみたり、または子どもたちが形に興味をもったら、光など違う道具を使ってよく観察したりするかもしれません。さらに、見たものを粘土で作ってみようと考えたり、少しずついろんな角度から深めていきます。その1つに、

デジタル機器があります。そして1か月後には、自然の形というプロジェクトになるかもしれないし、色彩やグラデーションの研究になるかもしれないし、または生命という概念のプロジェクトにつながるかもしれません。デジタル機器をポンと持ってきて、それではこの機器を使って研究してみましょうということは、レッジョでは行っていません。子どもたちの日々のプロジェクトや活動の中に、1つの提案として取り入れていくという感じです。「デジタルは難しい」と感じる先生は、もしかしたら「デジタルで何かをしなきゃいけない」と思うのかもしれません。でも実は、子どもたちの関心をもっと引き出す道具の1つなんです。折り紙をマイクロスコープで見たらどうなるんだろう、デジタルカメラで撮影したものをずっと引き伸ばして投影して、大きなものとして見てみたら、子どもたちはどういう風に考えるんだろうとか、もっともっと身近に考えてもらいたいなと思います。

M.M. 園の先生たちはどのようにデジタル機器について学んでいるのでしょうか。

津田さん 情報共有がなされていて、園内外でプロジェクトを共有する場面というのが本当に多いです。園内であれば毎週ですし、近隣の園が集まって話すということもあれば、センター[3]において研修や共同プロジェクトに取り組むこともあります。また、先生やアトリエリスタの情報網があります。皆、日々意識的に道具を選択しているので、「このデジタル機器を取り入れ

るなら、〇〇の〇〇先生に聞けばいいんじゃないか」とか「この素材を買うのは〇〇先生だったらよく知ってる」ということが、レッジョ全域で行われています。それはなぜかというと、おそらく先生方の異動が少ないというのがあるかもしれません。あと、もちろんレミダ（Remida）[4]も大事ですね。

M.M. レッジョでは、例えばYouTubeで動画を見るというようなことはあるのでしょうか。

津田さん 私の今までの経験ではありません。動画を作ることは、もしかしたらあるかもしれません。センターには、ストップモーションのアニメーションを作るコーナーがあったんですけど、園では実践されていません。なぜかというと、アニメーションは、やはり結果ありきになってしまいます。1コマ1コマ作ってつなげて、物語を作るというゴールを目指してしまう。レッジョの園では、子どもたちの関心や対話によってプロジェクトが展開されるので、結果を前提とした取り組みは行いません。
M.M. 確かに「アニメーションを作る」ということが目的になると、作成の工程においていくつかのルールができてしまい、完成形にも一定の形式が求められてしまいますね。

K.A. 津田さんのレッジョでの経験から、デジタル機器を取り入れる日本の保育者に向けて、心がけてほしいことなどアドバイスがあれば教えてください。

津田さん 先生が面白がることです。試し

てもらいたいです。使い方を教えるよりも、子どもたちはそれぞれ違う考えをもっているという前提で、様々な意見を引き出してほしいと思います。答えは1つじゃないよと。例えば、デジタル機器を用いて、マイクロスコープで拡張させてという行動だけで終わるのではなく、プロジェクターで投影したりデジタルカメラで写真を撮ったりしたときに、ある場面やイメージにその子が心惹かれる何かがあることをもっともっと深く捉えて、子どもたちの声を聞いてほしいと思います。デジタル機器は、レッジョでは意外とアナログとも言われています。ある種の工芸品という感じで、手で触ったり、動かしたりもするので。

【注釈】
1）レッジョ・エミリア市の幼児教育の職種の1つで、子どもたちの創造力や表現力を高める実験室としてのアトリエに常駐し、主に幼児学校と乳児保育所で子どもたちとアトリエを行う。
2）イタリアのレッジョ・エミリア (Reggio Emilia) 市のこと。ここでは主にレッジョ・エミリア市立乳児保育所と市立幼児学校で行われている幼児教育のことを指している。
3）ローリスマラグッツィ国際センター (Loris Malaguzzi International Center) のこと。センターにはレッジョ・エミリア市の幼児教育施設で行われる幼児教育を紹介する展示のほか、アトリエがあり、日々様々な実践開発や研修が行われている。
4）素材の持続可能性を追求し、教育・研究への還元を目指したプロジェクト。レッジョ・エミリア市とエネルギー会社（Iren S.p.A.）の共同事業で、運営はレッジョチルドレン財団が担う。主にレッジョ・エミリア市内の企業が提供する余剰の材料（未使用の新品廃材）を集め、教育現場で素材として再利用できるようにしている。アトリエもあり、様々な活動や研究が行われている。レッジョ・エミリアのほか、ボローニャ等の地域にある。

デジタル機器で作られる新たな空間とプロジェクター利用による共有の方法

津田さん　レッジョで一番驚いた体験は、作った立体構成の中に自分が入ったことです。プロジェクターに投影すると、自分が小さな空間で作ったものが、自分が入るぐらいまで最大限に大きくなる。それは空間と空間のつながりみたいなことで、すごく不思議な体験でした。パソコンやタブレットは、どうしても一対一になるんです。パソコンの画面だけで共有できる人数は限られていますよね。それをクラス全体に広げたり、より多くの人との関係性を作るためには、実はプロジェクターがとても役に立つと思います。

デジタル環境との関連における 子どもの権利についての一般的意見 25 号（2021 年）

　国連・子どもの権利委員会では、2021 年 3 月に「デジタル環境との関連における子どもの権利についての一般的意見」が出されています。Ⅰ.はじめに、Ⅱ.目的、Ⅲ.一般原則、Ⅳ.発達しつつある能力、Ⅴ.締約国による一般的実施措置、Ⅵ.市民的権利および自由、Ⅶ.子どもに対する暴力、Ⅷ.家庭環境および代替的養護、Ⅸ.障害のある子ども、Ⅹ.基礎保健および福祉、Ⅺ.教育、余暇および文化的活動、Ⅻ.特別な保護措置、ⅩⅢ.国際的および地域的協力、ⅩⅣ.普及の全 14 章からなっています。

　日本語訳全文は下記からダウンロードすることができます。ここでは、基本的な考え方を述べた「Ⅲ.一般原則」の一部をご紹介します。

https://www.nichibenren.or.jp/library/pdf/activity/international/library/
human_rights/child_general_25.pdf

Ⅲ．一般原則
A．差別の禁止に対する権利

9. 差別の禁止に対する権利により、締約国は、すべての子どもが、子どもにとって意味のあるやり方で、平等かつ効果的にデジタル環境にアクセスできることを確保するよう要求される。締約国は、デジタル面での排除を克服するためにあらゆる必要な措置をとるべきである。これには、専用の公共空間において子どもたちが無償でかつ安全にアクセスできるようにすることや、すべての子どもが、教育現場、コミュニティおよび家庭において負担可能な費用でデジタルテクノロジーにアクセスし、かつこれらのテクノロジーを賢く利用することを支える政策およびプログラムに投資すること

が含まれる。

10. 子どもたちは、デジタルテクノロジーの利用から排除されることによって、またはこれらのテクノロジーの利用を通じてヘイトスピーチ的な通信または不公正な扱いを受けることによって、差別される可能性がある。情報フィルタリング、プロファイリングまたは意思決定につながる自動化されたプロセスが、バイアスのかかった、部分的なまたは不正に入手された子どもに関する情報に基づいて進められる場合、その他の形態の差別が生じる可能性もある。

11. 委員会は、締約国に対し、性、障害、社会経済的背景、民族的もしくは国民的出身、言語または他のいずれかの理由に基づ

く差別、ならびに、マイノリティおよび先住民族の子ども、庇護希望者、難民および移住者である子ども、レズビアン、ゲイ、バイセクシュアル、トランスジェンダーおよびインタセックスである子ども、人身取引または性的搾取の被害者およびサバイバーである子ども、代替的養護下の子どもならびにその他の脆弱な状況に置かれた子どもに対する差別を防止するため、積極的措置をとるよう求める。

B. 子どもの最善の利益

12. 子どもの最善の利益は、特定の文脈にふさわしい評価を必要とする動的な概念である。デジタル環境は、もともと子どもたちのために設計されたものではないが、子どもたちの生活で重要な役割を果たしている。締約国は、デジタル環境の整備、規制、設計、管理および利用に関するすべての行動において、すべての子どもの最善の利益が第一次的に考慮されることを確保するべきである。

13. 締約国は、このような行動に、子どもの権利の充足を監督する国および地方の機関の関与を得るべきである。締約国は、子どもの最善の利益を考慮するにあたり、情報を求め、受けかつ伝える権利、害から保護される権利および自己の意見を正当に重視される権利を含むすべての子どもの権利を顧慮するとともに、子どもの最善の利益の評価および適用された基準に関する透明性を確保するよう求められる。

C. 生命、生存および発達に対する権利

14. デジタル環境によって提供される機会は、子どもたちの発達にとってますます決定的な役割を果たすようになりつつあるとともに、とくに危機の状況下においては子どもたちの生命および生存にとってきわめて重要なものとなる可能性がある。締約国は、子どもたちをその生命、生存および発達に対する権利へのリスクから保護するため、あらゆる適切な措置をとるべきである。コンテンツ、接触および契約に関連するリスクには、とくに、暴力的および性的コンテンツ、ネット上の攻撃およびハラスメント、賭け事、搾取および虐待（性的な搾取および虐待を含む）、ならびに、自殺または生命を危うくする活動（犯罪者によるものまたはテロリストもしくは暴力的過激主義者の指定を受けた武装集団によるものを含む）の促進または扇動が含まれる。締約国は、子どもたちが直面している特有のリスクの性質に関して子どもたちの意見を聴くことなどの手段により、多様な状況下で子どもたちが直面する新たなリスクの特定およびこれへの対処を図るべきである。

15. デジタル機器の利用は、害をともなうものであるべきではなく、また子どもたち同士のまたは子どもと親もしくは養育者との直接の相互交流にとって代わるべきでもない。締約国は、脳がもっとも可塑性に富んでおり、かつ子どもの認知的、情緒的および社会的発達のあり方の形成において社会環境（とくに親および養育者との関係）がきわめて重要である乳幼児期におけるテクノロジーの影響に、具体的注意を払うべ

きである。乳幼児期には、テクノロジーの設計、目的および利用のあり方によって、予防的対応が必要になる場合がある。デジタル機器の適切な利用に関する訓練および助言を、デジタルテクノロジーが子どもの発達（とくに乳幼児期および思春期の神経学的成長加速の臨界期における発達）に及ぼす影響についての調査研究を考慮しながら、親、養育者、教育者その他の関係者に対して提供することが求められる。

D. 意見を聴かれる子どもの権利

16. 子どもたちは、デジタル環境が、自分たちに影響を与える事柄について声が聴かれるようにするためのきわめて重要な機会を与えてくれていると報告している。デジタルテクノロジーの利用は、地方、国および国際社会のレベルにおける子ども参加の実現に役立つ可能性がある。締約国は、子どもたちが個人としておよび集団として自分たちの権利を効果的に唱道する存在になれるよう、子どもたちが意見を表明するデジタル手段についての意識およびこれらの手段へのアクセスを促進し、かつ、子どもたちが大人との平等を基礎として、必要な場合には匿名で参加するための訓練および

支援を提供するべきである。

17. デジタル環境との関連における子どもの権利についての法律、政策、プログラム、サービスおよび訓練を発展させる際、締約国は、すべての子どもたちの関与を得て、そのニーズに耳を傾け、かつその意見を正当に重視するべきである。締約国は、デジタルサービスの提供者が、製品およびサービスの開発にあたり、適切な保障措置を適用しながら積極的に子どもたちの関与を得て、かつその意見を正当に考慮することを確保するよう求められる。

18. 締約国は、関連する立法上、行政上その他の措置について子どもたちと協議するためにデジタル環境を活用するとともに、子どもたちの意見が真剣に考慮されること、および、子ども参加が、プライバシー、思想および意見の自由に対する子どもたちの権利を侵害する不当な監視またはデータ収集につながらないことを確保するよう奨励される。国はまた、協議のプロセスが、テクノロジーへのアクセスまたはテクノロジーを利用するスキルを欠いている子どもたちを包摂するようなものであることを確保するべきである。

まとめにかえて

　本書の編著者が参加している研究会や研修会、会議等でうかがった、施設類型を問わず多様な園等での事例から、ICTを使うことで子どもたちの遊びや暮らしの経験がさらに豊かになる可能性があるのではないかと思い、環境を通しての保育・教育における、環境やメディア（経験世界を拡げる仲立ちとなるもの）のあり方を考えていく一助として、ICTというものに特化して考え、より多くの皆さんと共有したいと考えたことが企画の出発点でした。

　それぞれの実践はいずれも面白い物語りを含んでいます。短期のものから長期のものまで、その物語りは様々です。それについて、あえて限られたページ数の中でご執筆いただくという無理をお願いしました。事例をご執筆いただいた園の皆様に感謝を申し上げたいと思います。様々な園の事例を取り上げた、ショーケースとしての機能を本書が果たしているとすれば、1つの目的は果たせたかと思っております。

　しかしもう一方で、事例を踏まえてその原理や向かうべき方向を示すという目的について、十分に書ききれたのかという点では、まだまだ浅学菲才の当方には不安や後悔も残っております。国内外での動向についても、編著者が知る範囲では本書の中で示していこうとしましたが、ICTの活用状況は時々刻々と展開しており、それがカバーできているわけではないかと思います。

　しかし、その不十分さや余地が残っている部分については、本書を手に取り読んでくださった皆様の対話にゆだねたいと思います。本書が、読者の皆様の心に火をつける役割の一助を果たせたなら、編著者の一人として大変嬉しく思います。本書を契機にして、どの事例からでも語り合い、「私たちの子どもたちの、私たちの園の」経験の物語りが、さらに豊かになる探究が始まれば幸いです。

　乳幼児期の保育・教育において、子どもとともに、保護者や地域の人とともに、また職場での業務に、デジタル機器をどのように使用するのかという問いは、現在グローバルな問いともなっています。OECDの乳幼児教育ネットワークにおいて、2021年からこの主題が3年間のプロジェクトとして議論されています。その報告等を聞いていても、アメリカやノルウェーなど先進的に取り組んでいる国もありますが、大半の国が、コロナ禍によって大きく変化し、模索しながら各国の挑戦を始めていることを感じています。

　その中で、日本では、日本がこれまで大事にしてきた保育の理念やあり方をより深めていく際に、ICTがそれを支える道具の1つになるのではないかと感じます。子どもたちの経験を豊かにし、持続可能な社会の創り手となる子どもたちをはぐくみ、ウェルビーイングのための新たな価値が保育の中で生まれていくための、新たな1ページを開くことに、本書の冒険と挑戦が寄与できたらと願っています。時々刻々と変わる社会の中では、本

書は備品ではなく、時代の消耗品となる本なのかもしれません。しかし、乳幼児の保育・教育におけるICT活用の夜明けの時期に、このような実践者の知恵による取り組み事例があったという、実践史の軌跡の1つにもなれたらと願っています。

秋田喜代美

私たちは暮らしの中で様々な道具を用います。そして、子どもたちはその暮らしの中で、日々様々な物に気づき、出会い、それを自分なりにつないで新たな世界を創っていきます。私はその子どもたちの営みにこそ、暮らしをより豊かにしていくヒントがあるのだと思っています。ICTは、そうした営みの中での気づきや出会い、つながりを支える道具の1つであると思います。

近年のICT機器は非常に複雑な構造をしており、人工知能なども含めると、簡単には理解しきれず、結果に責任がもてないことからその物自体を恐れてしまうこともあります。その恐れは大切にしなければならない感覚だと、私は思っています。例えば、子どもの遊びは、制約や制限がないことが特徴の1つとされています。従来の機器はできることに制約や制限があり、現実と非現実の違いは明確で、区別は簡単についたのですが、近年の機器は複雑な構造をしており、現実と非現実との区別がつきづらいこともあります。ICT機器だけで、子どもの遊びが成立するように思われるのです。

しかし、本書でたくさんの園にご紹介いただいた子どもたちの活動では、ICT機器を1つの道具として用いており、発想は機器の制約内にとどまらず、活動の新たな展開の可能性を示してくれていました。その様子から、ICT機器は、やはり子どもたちにその使い方を尋ねてみるのがよいように思いました。例えば、子どもに操作方法を伝えず、ICT機器を渡すとします。ある子どもは大人が使っているのを見て、真似して機器を始動させるかもしれません。真似ができることも素晴らしい力です。またある子どもは、機器に付いている色々なボタンを押したりスクロールしたりして、手あたり次第自由に触っては反応を確かめて、操作方法やコツを掴んでいくのではないでしょうか。

そして色々なことをしてみた後、遊びに求めることや刺激がその機器で満たされない場合、子どもたちは不要な物と判断し、別の遊びや素材、玩具に向かうのかもしれません。つまり、子どもたちは使用できる範囲や必要な範囲でICT機器を活用し、その範囲以外では、壊す(壊れる)か、あるいは作り手の予想を超えた、新たな使い方を示してくれるのではないでしょうか。

こうしたことは、様々な既有知識をもち、知識が直接的な体験よりも先行してしまいがちな大人には難しいことです。よって、このICT機器という新たな道具こそ、子どもたちに道具としての本来の使い方を教わりながら、1つひとつの道具が何をするための道具な

のかを考えていくことが大切なのではないかと思います。

　業務改善においても、それを用いて終わりではなく、それを用いた活用が考えられることが重要だと思います。各園の業務は様々です。開発されたソフトを最大限活用するためには、導入と同時に自園ならではの使い方が検討される必要があります。時に、データとして保管された文章を画面上で共有するだけではなく、紙に印刷し、切って並べ替えたり手に持ちながら対話したりと、デジタルとアナログのそれぞれのよさを組み合わせた取り組みがなされる必要があると思います。

　ICT機器を新たな道具として暮らしの中に迎え入れ、子どもたちとの生活の中で子どもの思いに寄り添い、支えてくださっている園の先生方とともに、よりよい活用方法をこれからも考えていきたいと思っています。本書を手がかりに、様々な対話が生まれることを願っています。

宮田まり子

　本書の中でも指摘してきたように、今を生きる子どもたちは、生まれたときからデジタル機器に囲まれており、子ども自身がデジタル社会の一員だといえます。ICTはメリットだけではなくリスクを併せもつ両義的なものです。保育者がリスクについて理解するとともに、リスクを避けて賢く活用する方法を、保護者や子どもたちとともに学び、実践することが求められるのではないでしょうか。

　本書の事例では、賢く活用することによってICTが保育において新たな価値を生み出すことが示されています。「気づく・知る」「探究する」「表す・没入する」「伝える・対話する」という観点で整理していますが、ICTツールを活用して、物事を調べたり、事物を拡大して見たり、撮影したり、自分たちの活動を録画して見直したり、オンラインで他園の子どもたちや外国に行った先生とつながったという事例もありました。デジタルは現実世界の時間や空間の限界を超えることができます。各ICTツールの特性を理解してうまく活用することで、これまでとは異なる新たな視点や表現、つながりが生まれ、子どもたちの心が動き、活動が創造的に展開していったようにみえました。

　ここで重要だと思うのは、心が動くのは子どもたちだけではないということです。保育者の方々も、デジタルが生み出す異なる視点や、異なる子どもたちの姿に出会い、驚き、子どもたちと一緒に学びを深めていったのではないかと思います。デジタルは、大人がもつ当たり前の見方を転換する可能性を秘めています。子どもと同じ目線に大人が立ち、驚きや面白さを共有することを促すものとなり得るのではないでしょうか。

　以上のようにICTによって保育に変化や変革がもたらされるということは、まさにデジタル・トランスフォーメーションといえるかもしれません。しかし、だからといって、保

育がデジタル一色になるわけではないということも、事例からみてとれます。保育者が子どもの理解と保育のねらいによって活動をデザインし、子どもの姿から活動の発展を支え促していくという保育の基本は、これまでと変わりないでしょう。

　本書に示された事例は、いずれもICTありきの活動ではありません。子どもたちの気づきや発想を大事にした活動において、必要に応じてアナログとデジタルを絶妙に組み合わせているからこそ、デジタルに従属するのではない、能動的で創造的な活動の展開が生まれているのだと思います。必要がない場面ではデジタルを使わないという判断もあるでしょう。

　早くからデジタルを活用してきたレッジョ・エミリア市で2018年に出版された『digital environment（デジタル環境）』という冊子があります。そこでは、テクノロジーのツールと素材や子どもたちの表現を編み合わせて、「継続的に実験すること、構築し脱構築すること、子どもたちの知性を追求することによって、新たな気づきと素晴らしい驚きが生まれる」と述べられています。

　本書が、気づきと驚きに満ちた実験の一歩を、子どもたちとともに踏み出すきっかけとなれば幸いです。

野澤祥子

編著者・執筆者一覧

編著者

秋田喜代美…第 1 章 1・第 2 章 2 コメント・第 2 章 4 コメント・第 6 章 2
学習院大学文学部教授・東京大学名誉教授

宮田まり子…第 1 章 2・第 2 章 1 コメント・第 3 章コメント・第 5 章
白梅学園大学子ども学部准教授

野澤祥子…第 2 章 3 コメント・第 4 章コメント・第 6 章 1・第 6 章コラム
東京大学大学院教育学研究科附属発達保育実践政策学センター准教授

執筆者

久保山茂樹…第 1 章コラム
独立行政法人 国立特別支援教育総合研究所 インクルーシブ教育システム推進センター
上席総括研究員（兼）センター長

廣内厚士…第 2 章 1-1
京都市立明徳幼稚園 教頭

加藤篤彦…第 2 章 1-2・第 2 章 4-3・第 2 章 4-6・第 3 章コラム
学校法人武蔵野東学園 武蔵野東第一幼稚園・武蔵野東第二幼稚園 園長

粂原淳子…第 2 章 1-3・第 2 章 4-1・第 2 章コラム
日本女子大学家政学部特任教授（前・千代田区立ふじみこども園 園長）

波岡千穂…第 2 章 1-4・第 2 章 3-4
学校法人伸和学園 堀川幼稚園 副園長

田中真一…第 2 章 1-5
学校法人追手門学院 幼保連携型認定こども園 追手門学院幼稚園 園長

林 真咲…第 2 章 2-1
社会福祉法人みかり会 つぼみの子保育園 園長（前・社会福祉法人みかり会 小規模保育園 森の
こどもたち 園長）

和泉誠…第 2 章 2-2
株式会社なーと こどもなーと保育園 代表

山岸日登美…第 2 章 2-3・第 2 章 2-6
ナチュラルスマイルジャパン株式会社 まちの保育園 こども園 ペダゴジカルチーム ディレク
ター（前・まちのこども園 代々木公園 園長）

亀山秀郎…第 2 章 2-4・第 2 章 4-5
学校法人七松学園 認定こども園 七松幼稚園 園長

亀ヶ谷元譲…第 2 章 2-5・第 2 章 4-4
学校法人亀ヶ谷学園 宮前幼稚園・宮前おひさまこども園 副園長

宇梶達也…第 2 章 3-1・第 3 章 3
学校法人岡崎学園 荒尾第一幼稚園 園長

北村文音…第 2 章 3-2
社会福祉法人みかり会 幼保連携型認定こども園 高須の森 主幹保育教諭（前・社会福祉法人みか
り会 つぼみの子保育園 主任）

渡邉英則…第 2 章 3-3
学校法人渡辺学園 港北幼稚園 園長

折原麻衣子…第 2 章 4-2
株式会社ポピンズエデュケア ポピンズナーサリースクール恵比寿南 施設長（前・ポピンズナー
サリースクール馬込 施設長）

岡田一紀…第 2 章 4-2
株式会社ポピンズエデュケア 中央区立新川児童館 館長

濱名 潔…第 3 章 1
学校法人あけぼの学院 認定こども園 立花愛の園幼稚園 法人本部 副本部長

塚本秀一…第 3 章 2
社会福祉法人湘南学園 幼保連携型認定こども園 保育の家しょうなん 園長

山川和子…第 4 章 1
十日町市立川治小学校 校長（前・新潟大学附属幼稚園 園長）

木村 創…第 4 章 2
学校法人仙台こひつじ学園 認定向山こども園 副園長

杉前 洋…第 4 章 3
和泉市立南松尾はつが野学園 校長

坂田恵理…第 4 章 4
静岡市立長田東小学校 教諭（元・静岡市子ども未来局 こども園課 幼児教育・保育推進係）

木元有香…第 4 章コラム
鳥飼総合法律事務所 弁護士・保育教諭

（執筆順。所属・肩書きは 2022 年 4 月現在）

ICTを使って保育を豊かに

ワクワクがつながる＆広がる 28 の実践

2022 年 6 月 20 日　初　版　発　行
2023 年 7 月 15 日　初版第 2 刷発行

編著者　　秋田喜代美・宮田まり子・野澤祥子
発行者　　荘村明彦
発行所　　中央法規出版株式会社
　　　　　〒 110-0016　東京都台東区台東 3-29-1 中央法規ビル
　　　　　Tel 03-6387-3196
　　　　　https://www.chuohoki.co.jp/

装幀・本文デザイン・DTP　　Isshiki（岡部夏実）
イラスト　　　　　　　　　　三浦晃子
印刷・製本　　　　　　　　　株式会社ルナテック

定価はカバーに表示してあります。
ISBN978-4-8058-8719-6

本書の内容に関するご質問については、下記 URL から「お問い合わせフォーム」
にご入力いただきますようお願いいたします。
https://www.chuohoki.co.jp/contact/